# El Amor de Rodillas

Dick Eastman

Editorial Vida

Dedicados A La Excelencia

EDITORIAL VIDA es un ministerio misionero internacional cuyo propósito es proporcionar los recursos necesarios para evangelizar con las buenas nuevas de Jesucristo, hacer discípulos y preparar para el ministerio al mayor número de personas en el menor tiempo posible.

ISBN 0-8297-2029-4

Categoría: Vida cristiana

Este libro fue publicado en inglés con el título
*Love on its knees* por Chosen Books.



Traducido por Luis Bernal Lumpuy

Edición en idioma español

Deerfield, Florida 33442-8134



Cubierta diseñada por Gustavo A. Camacho

A
Jim y Joy Dawson

Jim, un hombre de Dios extraordinario
cuyo espíritu apacible y grandes talentos
administrativos han posibilitado
la ampliación de los dones apostólicos
de Joy para el cuerpo de Cristo . . .

y

Joy, a quien Dios ha usado
para conmover poderosamente
a líderes como yo mismo
en el santo y sagrado arte
de la oración intercesora.

[illegible] de Dios

dirá un hombre de [illegible] al [illegible]
cuyo espíritu apostólico [illegible] [illegible]
[illegible] han posibilitado
[illegible] de [illegible] dones a esta [illegible]
[illegible] para el [illegible] de [illegible]

[illegible]

[illegible] Dios [illegible]
[illegible] por [illegible]
a [illegible]
[illegible]
[illegible]

# RECONOCIMIENTOS

La esencia misma de la intercesión es el espíritu de servicio. Así que es apropiado reconocer a los siervos selectos que me han apoyado entre bastidores para ayudar a hacer una realidad *El amor de rodillas*.

En primer lugar, agradezco efusivamente a cada uno de nuestros intercesores consagrados que vienen regularmente a nuestro cuarto de oración intercesora en *Every Home for Christ* [Cada hogar para Cristo]. La oración de ellos posibilita una continua cosecha que ya ha visto más de quince millones de tarjetas de decisión llegar a nuestras más de cincuenta oficinas en todo el mundo en los últimos treinta y cinco años.

Estoy muy agradecido a Tami Baldwin y a John Sherrill. La dedicación de Tami como sierva es extraordinariamente ejemplar. Ella es miembro de la iglesia en la que me crié, y dedicó muchísimas horas a este proyecto mientras mantenía su ya estricto programa de trabajo, mecanografiando una y otra vez las numerosas revisiones de *El amor de rodillas,* insistiendo en no aceptar remuneración alguna.

John Sherrill, de igual manera, merece especial reconocimiento. Es uno de los escritores cristianos genuinamente talentosos de esta generación, y ha dejado sus huellas en la mayoría de las páginas de este manuscrito. Sus talentos editoriales han ayudado a eliminar la verbosidad y a resaltar la genuina esencia del mensaje: que el destino del mundo está en las manos de los santos que oran.

Dick Eastman
Canoga Park, California

# ÍNDICE

Prólogo .................................................... 9

1. **La intercesión**
   Una manera de vivir .............................. 13
2. **La piedad en acción**
   Las funciones de la intercesión.............. 29
3. **Intensidad en la visión**
   Las prioridades de la intercesión........... 51
4. **Contienda ordenada**
   Estableciendo estrategias de lucha
   para la intercesión.................................. 70
5. **Intercesión con autoridad**
   Claves para derribar fortalezas............. 89
6. **Oración por los perdidos**
   (Una semana de intercesión)
   Lunes: Seis preguntas de la intercesión..105
7. **Oración por las autoridades**
   Martes: Invadiendo las esferas
   de influencia ......................................113
8. **Oración por las naciones**
   Miércoles: Enfrentándose a las
   fortalezas enemigas...............................123

9. **Oración por los que trabajan en la obra de Cristo**
Jueves: Colaboradores en el conflicto ...... 133
10. **Oración por la iglesia**
Viernes: Luchando por el despertamiento espiritual ...... 144
11. **Oración por los enfermos y afligidos**
Sábado: Factores bíblicos para la restauración física ...... 154
12. **Oración por la familia**
Domingo: Pautas de oración para hogares saludables ...... 168
13. **El conflicto del alma**
Asumiendo la autoridad contra las tinieblas espirituales ...... 184
14. **Viajeros de oración**
Movilizando un contingente de misioneros de oración mundial ...... 208

# PRÓLOGO

Sólo rara vez nos encontramos con esas pocas personas que parecen encarnar su mensaje. Dick Eastman personifica su mensaje. En mi mente asocio de inmediato la crisis de estado con Winston Churchill y la evangelización con Billy Graham. Asimismo cuando pienso en la oración por la evangelización mundial, pienso en Dick Eastman. Su pasión para movilizar a la iglesia como una fuerza de oración por la Gran Comisión parece emanar de él a cada paso. No creo que yo haya oído jamás a un ministro que pueda llegar tan profundamente a mi espíritu y alentarme como Dick Eastman.

Ha pasado ya más de una década desde que respondí al llamado de Dios en mi vida para que lo buscara en oración. No podía imaginarme entonces todo lo que Dios haría. Ahora tengo el gran privilegio de ayudar a Dick y a otros en el llamamiento del cuerpo de Cristo a la oración, el mayor de todos los llamamientos. A lo largo del camino, el Señor me ha favorecido con buenos consejeros. Dick Eastman y su *Change the World School of Prayer* [Escuela de oración para cambiar el mundo] han sido una fuente extraordinaria de incentivo para mí y miles más.

Ahora Dick ha destilado su sabiduría y su experiencia, y se la ofrece a usted en este libro. Todos los libros de Dick son excelentes, pero *El amor de rodillas* tal vez sea su mejor obra. En estas páginas usted verá la entusiasta descripción de un hombre y su familia que se han dedicado de un modo extraordinario a la oración. Usted sentirá el latido del corazón de un hombre que sufre delante de Dios por su generación. Usted pudiera recibir una exhortación como nunca antes. Mucho más importante es que usted conocerá las medidas concretas a tomar para transformar el mundo para Jesucristo.

Como presidente de *Every Home for Christ/World Literature Crusade* [Cada hogar para Cristo/Campaña mundial de literatura],[1] Dick parece estar preparado como ningún otro para despertar a la iglesia al vínculo inseparable entre la oración constante y la meta de la Gran Comisión. Dick está extraordinariamente dotado para atravesar las barreras sectarias y denominacionales a fin de convocar a toda la Iglesia a sus más nobles llamamientos. Su pasión por las misiones mundiales es insuperable. Su integridad es intachable. Y, en una época de cinismo desenfrenado, su corazón permanece puro.

---

1 En algunos países se conoce como *Cruzada a cada hogar* y en otros como *La Palabra a cada hogar*.

Dios tiene un propósito para la vida de usted. También tiene un propósito para este planeta. Cuando la vida de usted esté en armonía con ese propósito supremo para la humanidad, entonces se sentirá verdaderamente satisfecho. Usted se beneficiará mucho de la lectura profunda de este libro y de la exhortación que tiene para usted. Mi oración por usted es que, por la gracia de Dios, no sólo acepte las verdades didácticas, sino que sienta el palpitar del corazón del hombre que las escribió.

Larry Lea
Pastor principal de *Church on the Rock*
Rockwall, Texas

# 1

# LA INTERCESIÓN

## *Una manera de vivir*

Hace varios años, en mayo de 1986, me estaba preparando para llevar el adiestramiento de la escuela de oración a Polonia a invitación de un joven y dinámico pastor de Pittsburgh, Mark Geppert. Seis semanas antes de mi partida hacia Europa oriental, me reuní con Mark para darle los toques finales a nuestro plan.

— Ha habido un cambio en mi itinerario — dijo Mark —. Me encontraré contigo en Varsovia como habíamos planeado, pero antes pasaré un mes en la Unión Soviética.

— ¿La Unión Soviética? — pregunté desconcertado —. ¿Qué vas a hacer allí?

— Voy a orar — respondió Mark —. Dios me habló hace algunos días y me dijo que yo debía ir a Rusia sólo para orar. Me dijo exactamente adónde ir y por qué orar. Voy pedirle a Dios que conmueva a toda Rusia. Le pediré que use los acontecimientos actuales, cualesquiera que sean, para estremecer lo que pueda estremecerse, de modo que se abran las puertas para el evangelio y los creyentes tengan nueva libertad para adorar.

Conmovido al saber que alguien iría a algún lugar "sólo para orar", le pedí a Mark que me enviara una copia de su itinerario de modo que nuestro ministerio pudiera estar orando por él antes que nos encontráramos en Varsovia. Llegó el itinerario y no le di mucha importancia a los detalles hasta unos días antes de mi partida. De repente, la presencia de Mark en la Unión Soviética pidiéndole a Dios que estremeciera esa nación tenía una importancia extraordinaria. Poco antes de mi partida a fines de abril de 1986, los titulares daban la noticia de un estremecedor accidente que ocurrió en una central eléctrica nuclear de una pequeña ciudad llamada *Chernobil.* Chernobil, informaban los periódicos, estaba a corta distancia de la gran ciudad de Kiev. ¿No estaba acaso Kiev en el itinerario de Mark? En realidad, si recordaba bien, ¿no era Kiev el último lugar que Dios le había ordenado visitar?

De inmediato saqué la carta que Mark me envió, en la que indicaba los lugares que Dios le dijo que visitara. Mi memoria había sido precisa. La misión de Mark iba a terminar aquel mismo fin de semana en Kiev con un viaje en tren a Polonia que lo llevaría a través de la zona del desastre. He viajado antes en tren con Mark, en China. Para Mark un tren es sólo una larga reunión de oración sobre rieles, que se traslada de un lugar de oración a otro.

Al verificar el itinerario más cuidadosamente, noté que Mark había planeado salir de Kiev la noche del veinticinco de abril de 1986, y pasaría cerca de Chernobil al amanecer del día siguiente. Fue exactamente cuando ocurrió la explosión de la central eléctrica nuclear de Chernobil.

Sólo más tarde los analistas observarían que Chernobil desempeñó un papel importante en los acontecimientos del *glasnost,* la palabra rusa para apertura. Bajo circunstancias normales los soviéticos habrían mantenido en secreto las noticias de tal desastre. Pero eso no fue posible con Chernobil. En cuestión de horas después del accidente nuclear, los científicos localizaron una repentina elevación de radiación en Suecia. Pudieron rastrear el origen con absoluta precisión hasta encontrarlo en Ucrania.

Así que en el caso de Chernobil, el *glasnost* presionó a los soviéticos. Mantenerlo en secreto no era una opción. De repente, quisiéranlo o no, se vieron obligados a darlo a conocer.

Sentí un gran deseo de encontrarme con Mark en Varsovia. ¿Habría mantenido su itinerario? De ser así, ¿cómo Dios le había pedido que orara?

Apenas nos habíamos registrado en un hotel de Varsovia cuando ya yo estaba haciendo mis preguntas. En efecto, Mark había mantenido su itinerario, exactamente como lo guió el Señor. Incluía cuatro días de oración en Kiev, que terminaban el viernes veinticinco de abril. Ese día había de ser la culminación de su misión de intercesión. Y ahora yo estaba más ansioso que nunca de oír cómo Dios lo guió a orar.

— Bueno — dijo Mark mientras se acomodaba en su silla en nuestra habitación del hotel —, fui al parque que está en el centro de la ciudad de Kiev y me senté bajo una enorme estatua de Lenin. Cada quince minutos cambiaba el enfoque de mi intercesión por los creyentes rusos. Sabía cuando pasaba un período de quince minutos porque había un reloj gigantesco en el parque que daba una campanada cada cuarto de hora.

Le pregunté a Mark si sintió algo extraordinario durante esa oración.

— Sólo al final — respondió Mark —. Fue el último día, el día que hice mi última visita de oración al parque de la ciudad. Poco antes del mediodía me convencí de repente de que Dios había oído y de que incluso entonces algo estaba ocurriendo. Algo que estremecería la Unión Soviética. Algo que Dios *usaría* para dar más libertad.

Mark mostraba entusiasmo al hablar.

— Comencé a alzar la voz en alabanza, sentado allí bajo la sombra de la estatua del fundador del comunismo en Rusia. Pero al mismo tiempo yo necesitaba una confirmación de que Dios me había oído, de modo que clamé: "Oh Dios, dame una señal, aunque sea una señal pequeña." Esperé, preguntándome qué sucedería después. Y precisamente entonces, a lo lejos, las manecillas del enorme reloj se movieron a la posición de las doce.

Mark rió mientras seguía contando.

—¿Y sabes qué sucedió, hermano Dick? No sonó. Cada hora, durante cada uno de los cuatro días que yo había estado orando, el reloj había tocado cada hora. Así que esperé las doce campanadas, pero nunca se oyeron. Era como si Dios estuviera diciendo que había terminado un viejo orden de cosas. Al siguiente día comencé a oír las noticias sobre Chernobil.

Semanas más tarde, después de leer muchísimo sobre la importancia de Chernobil, me encontré con información fascinante que pormenorizaban los sucesos respecto al desastre. Los científicos determinaron que el primer gran error había ocurrido doce horas antes del derretimiento que causó el accidente. Tal error habría ocurrido minutos después de la expresión de alabanza de Mark, cuando sintió en su espíritu que el Señor convertiría en una bendición lo que estaba ocurriendo.

Poco después oí a un comentarista de televisión que analizaba el efecto a largo plazo del desastre de Chernobil. "Chernobil significa *amargura* en el idioma ruso —dijo él—. ¿No sería interesante si dentro de una década llegáramos a descubrir que el despótico sistema soviético había desaparecido del escenario, sustituido por una sociedad más abierta, y que ese cambio sucedió como resultado de un simple error en una instalación nuclear en una pequeña ciudad ucraniana llamada . . . Chernobil?"

Parecía entonces que el *glasnost* estaba surtiendo efecto con más rapidez de lo que se hubiera esperado, abriendo puertas donde se había estorbado el evangelio antes. Apenas dos años después del accidente de Chernobil, se formularon nuevas leyes que significaron un extraordinario repliegue del poder por parte de las autoridades soviéticas. Nada menos que el ministro de justicia soviético, Mijail P. Vyshinsky, dijo: "Aquí está ocurriendo una revolución. No todo el mundo se da cuenta de eso, pero de eso se trata. Es una revolución."

Y entonces llegó la gran noticia.

En la histórica asamblea general de todos los líderes del partido, la primera en cuarenta y siete años, el entonces líder soviético Mijail Gorbachov hizo una serie de declaraciones en cuanto a los cambios venideros. Entre ellas hubo un llamamiento a la tolerancia hacia las creencias religiosas en la entonces Unión Soviética. Desde luego, el comunismo sigue siendo ateo en sus raíces, y siempre se debe tener en cuenta eso cuando se trate de supuestos cambios.

Los intercesores como Mark rara vez se sorprenden cuando llegan las respuestas. En realidad, estoy convencido de que, cuando nos presentamos delante de Dios con el testimonio de éxitos y fracasos espirituales, sabremos que la oración intercesora tuvo más que ver con los cambios positivos de nuestro mundo que cualquier otra actividad espiritual.

Los intercesores, en resumen, tienen la llave para poner en acción el plan de Dios para el mundo. Y en este libro examinaremos algunos principios de la intercesión eficaz.

Estos son principios que salen de millares de horas pasadas en la oración a través de los años en una pequeña capilla que mi esposa y yo construimos en el traspatio de la casa. Es apenas un pequeño cuarto de herramientas que hemos convertido en un lugar exclusivo de oración, acabado con entablado de madera y alfombrado grueso. En las paredes hay mapas y otros recordatorios que nos ayudan a orar por un mundo perdido.

Allí oramos cada día (bueno, cada día cuando estamos en casa) por nuestras dos hijas, Dena y Ginger; por nuestro trabajo, nuestra iglesia y nuestra nación; por otras naciones; por nuestra economía; por las personas necesitadas; por los ministerios necesitados. La lista puede continuar indefinidamente. Más adelante trataremos sobre la *disciplina* de la intercesión. De otro modo, incluso la oración puede dispersarse y le puede faltar poder.

Los principios que examinaremos también salen de *Escuela de oración para cambiar el mundo*, un curso de adiestramiento que resultó de mi llamado al ministerio de la oración hace casi diecisiete años.

Esas dos experiencias — mi propia vida de oración intercesora y nuestra escuela de oración — me han hecho descubrir los principios que presentaré en el resto de este libro.

## Somos el fruto de la intercesión

Yo soy el fruto de la intercesión, como lo somos

todos los que conocemos a Cristo como nuestro Salvador personal.

En primer lugar, somos seguidores de Cristo porque nuestro intercesor eterno, Cristo mismo, se inmoló en una cruz como un "mediador" — o intercesor — hace casi veinte siglos. Por lo tanto, somos creyentes en Cristo porque otros intercesores, algunos que ni siquiera conocemos, han influido en nuestra vida a través de los años, dispersando las tinieblas demoniacas que se ciernen sobre nosotros y que de otra manera hubieran impedido que tuviéramos un pleno conocimiento de Cristo.

Mi madre fue la primera intercesora de mi vida. Cuando yo era un joven rebelde de catorce años, enredado en el robo y otras truhanerías, mi madre combatió las tinieblas que me esclavizaban, pidiéndole a Dios que la luz de Jesucristo brillara en mi corazón.

Recuerdo sobre todo el día en que las oraciones de mi madre parecieron alcanzarme. Mike, mi joven cómplice de fechorías, estaba en el teléfono, pidiéndome que fuera con él a la gran piscina del pueblo.

Mike y yo habíamos ideado una treta que poníamos en práctica en los lugares donde los nadadores ponían sus toallas, junto con bolsas de playa e incluso monederos y billeteras. Cuando los nadadores se metían en el agua, pasábamos por allí, escogíamos una toalla de playa y algún monedero o alguna billetera, y poníamos nuestra propia toalla sobre ella. Después de jugar con una pelota de playa durante algunos minutos, recogíamos nuestra toalla — con el monedero o la billetera ahora debajo de ella — y nos íbamos andando poco a poco como si nada hubiera ocurrido.

Aquel domingo, sin embargo, cuando llamó Mike, me sucedió algo raro. No le dije sólo que no; también le dije que nunca más volvería a hacer tal cosa. No pude explicar por qué. Sólo pude decirle que mi vida estaba cambiando.

Mike decidió ir solo aquel día; y, sin que él se diera cuenta, un hombre sentado cerca de la piscina observaba lo que él estaba haciendo y avisó a la policía. Mike fue arrestado y llevado a la cárcel.

Aquella noche, como era domingo, fui a la iglesia. Dios había comenzado a responder las oraciones de mi madre.

En realidad, estoy convencido de que, cuando nos acercamos a Dios en preparación para nuestro eterno reinado con Cristo, descubrimos que *cada alma* que llega a un conocimiento de Cristo estuvo de alguna manera relacionada con la oración intercesora.

No sólo está nuestra salvación relacionada con el poder de la intercesión, sino que todo lo que Dios hace en y por medio de su pueblo está constantemente afectado por ella. En realidad, cuando desarrollamos el ministerio de la intercesión, Dios quiere hacer por medio de nosotros cosas más grandes que las que hemos visto hasta ahora.

¿Qué es exactamente el ministerio de la intercesión?

### Hay que pagar el precio

Soy un entusiasta de las palabras. Puedo fácilmente ensimismarme durante una hora en un diccionario o una concordancia. Lo que más me interesa son las antiguas raíces de una palabra, y me gusta averiguar cómo se originaron las palabras que empleamos todos los días.

Eso es más que un simple pasatiempo para mí, porque siento que el estudiar la historia de una palabra me ayuda a comprender los conceptos representados por ese término en particular. Por eso a menudo dedico tiempo, cuando estoy escribiendo sobre la oración, para contar la historia de algunas de esas palabras. Eso me ayuda — y espero que ayude al lector — a comprender el meollo de esos conceptos.

La intercesión, por ejemplo, se deriva de las dos palabras latinas *inter* y *cedere: inter* que significa "entre", "participar", "intervenir"; y *cedere* que significa "entregarse", "ceder", "inclinarse a", o "pagar el precio de".

Consideremos esos derivados en el orden observado anteriormente.

En primer lugar, las raíces sugieren que intercesión significa "mediar", como cuando hay un mediador entre alguien y su enemigo en la batalla. En segundo lugar, esos vocablos describen a alguien que "se entrega a sí mismo" entre los que son débiles y necesitan ayuda.

En tercer lugar, la intercesión es "inclinarse a la participación" en cuanto a las necesidades y sufrimientos de los demás, nada diferente de la generosidad mostrada por el buen samaritano que, como dice la Biblia: "Y viéndole [al hombre herido a la orilla del camino], fue movido a misericordia; y acercándose, vendó sus heridas . . ." (Lucas 10:33-34).

Por último, la intercesión significa "pagar el precio de la intervención". Cristo mismo da el más digno ejemplo de esa definición. Él fue a la cruz a pagar el precio de la intervención por nuestros pecados. En este sentido, Cristo es el ejemplo supremo de todas las definiciones referentes al tema de la intercesión. Por ser la encarnación de la perfección, Cristo es en realidad el "mediador" perfecto.

Tal vez lo más fundamental para una equilibrada comprensión de la intercesión sea un reconocimiento de que la intercesión es mucho más una manera de vivir que un tipo de oración. Es cierto que la intercesión es un aspecto específico de la oración, pero es mucho más que eso. Es un estilo de vida. Cristo no participaba simplemente en el ministerio de la intercesión, por ejemplo, cuando oraba por los demás. Su mismísima manera de vivir se caracterizó por un espíritu de intercesión. Cristo fue un dador amoroso y su mayor regalo fue Él mismo. La Biblia dice que Él dio "su vida en rescate por muchos" (Marcos 10:45). Y así como el mayor don de Cristo para un mundo perdido es Él mismo, nuestro mayor regalo para un mundo perdido es nuestra intercesión. Mediante esa intercesión el mundo llegará a conocer a Cristo.

### Fundamentos de la intercesión

Un intercesor es un hombre, una mujer o un niño que lucha en favor de los demás. En sí, la intercesión es la actividad que más nos identifica con Cristo. Ser intercesor es ser como Cristo porque eso es Él. ¡Él vivió siempre para interceder! (Hebreos 7:25; Romanos 8:34).

Pero ¿dónde comienza exactamente nuestra búsqueda para llegar a ser intercesores como Cristo? Cuatro conceptos sencillos y fundamentales nos ayudan cuando comenzamos nuestro viaje.

En primer lugar, *debemos comprender nuestro "privilegio" como intercesores*. Cristo está siempre a la diestra de Dios, y desde su posición Él intercede continuamente por los santos. En la Biblia se menciona el estar a la diestra de Dios como un gran privilegio y placer: ". . . Delicias a tu diestra para siempre" (Salmo 16:11). Así que, cuando participamos en la oración intercesora, es nuestro privilegio y placer unirnos con Cristo a la diestra de Dios en esa emocionante tarea. ¿Qué pudiera ser más emocionante que estar en la sala del trono en el corazón de la actividad transformadora del mundo? ¡Allí estamos rodeados por seres angelicales que participan en incansable adoración cuando nos unimos a Jesucristo en la destrucción de las obras de Satanás!

En realidad, el trabajo de un intercesor es un privilegio al más alto nivel. Es ser compañero de Cristo en su ministerio supremo de reconciliar a toda la humanidad con Dios el Padre.

En segundo lugar, *debemos comprender nues-*

*tra "posición" como intercesores.* Por supuesto, aquí *posición* no tiene nada que ver con la posición física de uno como intercesor — es decir, ya sea de rodillas, sentado, de pie o postrado — sino más bien con la posición espiritual de estar "sentado" con Cristo en "lugares celestiales". Como dice Pablo en su carta a los creyentes de Éfeso, Dios "nos resucitó, y asimismo nos hizo sentar en los lugares celestiales con Cristo Jesús" (Efesios 2:6).

Surgen varias ideas interesantes cuando consideramos cómo Cristo nos lleva a esa posición.

En primer lugar, Él nos *imparte energía* cuando estamos "muertos". Pablo dice: "Pero Dios, que es rico en misericordia . . . aun estando nosotros muertos en pecados, nos dio vida juntamente con Cristo . . ." (Efesios 2:4-5). Dar "vida" significa impartir energía. Es renovar y revitalizar.

Además de eso, Cristo *exalta* al intercesor. Pablo explica que Dios "nos resucitó". Tal exaltación es importante en el andar del creyente cuando se refiere a nuestro traslado espiritual a una esfera más elevada de actividad divina, el mundo invisible y celestial. Como personas que libran batallas en favor de los demás, funcionamos desde ese lugar exaltado, con Cristo, en los lugares celestiales.

Por último, estamos *entronizados* con Cristo en la intercesión. Se nos permite "sentarnos" con Cristo junto al trono del Padre, lo cual sugiere que no somos simples observadores de la lucha espiritual sino compañeros que participamos en la administración de su autoridad divina.

Ese concepto de intercesores entronizados que administran la autoridad espiritual es extraordinariamente importante. Nos da una nueva comprensión de las instrucciones de Cristo de hablarles directamente a las montañas, ordenándoles que se quitaran (véase Marcos 11:22-24). Cuando estamos entronizados como intercesores, no sólo estamos pidiéndole a Dios que haga cosas; en realidad estamos facultados con su autoridad, compañeros de Él cuando declara su voluntad. Los intercesores valientes saben que las promesas de Dios los capacitan para actuar en su nombre para ordenarles a las montañas espirituales que se quiten. Y es a este nivel que debemos entender la autoridad de los intercesores. No somos mendigos que expresan deseos personales sino "comandantes de la sala del trono" que reciben órdenes del Comandante Supremo, Jesucristo, quien nos ha permitido usar su autoridad para que caigan las fortalezas.

Nuestro tercer concepto fundamental: *debemos comprender nuestra "promesa" como intercesores*. Es un hecho patente que se alcanzará nuestro objetivo primordial en la oración. Ese objetivo es ver su reino establecido plenamente en la tierra, y es un objetivo establecido en la Palabra de Dios. Isaías predicó con toda claridad: "La tierra será llena del conocimiento de Jehová, como las aguas cubren el mar" (Isaías 11:9).

El Apocalipsis de Juan describe el acontecimiento trascendental de la venida del reino de Cristo en su plenitud como anunciado por un ángel que toca una trompeta mientras grandes voces en el cielo dicen: "Los reinos del mundo han venido a ser de nuestro Señor y de su Cristo; y él reinará por los siglos de los siglos" (Apocalipsis 11:15).

No se puede eludir la importancia de que ni a ese ángel ni a los seis que le precedieron se les permite tocar sus trompetas hasta que primero "otro ángel", con un incensario de oro (Apocalipsis 8:3), se detiene ante el altar delante del trono de Dios y con "mucho incienso" (símbolo de adoración) ofrece ese sacrificio "con las oraciones de los santos".

Juan continúa la descripción de su visión, afirmando que "de la mano del ángel subió a la presencia de Dios el humo del incienso con las oraciones de los santos" (Apocalipsis 8:4).

Sólo entonces, después que las oraciones de los santos se combinan en el altar con las alabanzas del pueblo de Dios (simbolizadas por el incienso), el Señor les permite a los siete ángeles que comiencen a tocar sus trompetas.

Sin duda es significativo que todas las actividades que siguen son el resultado de la liberación inicial de la oración mezclada con "mucha" adoración en el mismísimo trono de Dios (Apocalipsis 8:1-6).

Todo eso nos ayuda a recordar que como intercesores estamos actuando conforme a las promesas de Dios de que nuestras oraciones sí influyen en el mundo que nos rodea. Los investigadores sobre misiones dicen que hay unos diecisiete mil grupos étnicos que todavía no han conocido el evangelio. Los intercesores saben que sus oraciones romperán finalmente las cadenas que impiden que esos grupos y esas personas lleguen al conocimiento del amor de Cristo.

Por último, *debemos comprender nuestro poder como intercesores.* Cristo reunió a sus discípulos y les dijo: "He aquí os doy potestad de hollar serpientes y escorpiones, y sobre toda fuerza del enemigo, y nada os dañará" (Lucas 10:19). Aquí descubrimos una enérgica promesa de poder que la mayoría de los creyentes rara vez ejercen. Nuestro Señor está indicando que quienes se inclinan a la participación y están dispuestos a pagar el precio de la intervención tendrán todo el poder necesario para enfrentarse a las fuerzas demoniacas en sus fortalezas.

Acompáñeme a una consideración más precisa de este glorioso ministerio de lucha compasiva.

# 2

# LA PIEDAD EN ACCIÓN

## *Las funciones de la intercesión*

Hace siglos, durante una de las épocas más sombrías en la historia de la Iglesia, una de las pocas luces que brillaron fue un joven llamado Francesco de Pietro Bernardone. Francesco estaba destinado a llegar a ser uno de los guerreros espirituales más notables de la historia, y ciudades, parques, hospitales, iglesias y seminarios llevarían su nombre en su honor.

Francesco nació en la opulencia, al ser el hijo de un comerciante italiano. Parecía dirigirse a una vida de abundancia siguiendo los pasos de su padre.

Sin embargo, todo eso habría de cambiar una soleada tarde cuando el joven Francesco iba en su caballito por las afueras de la ciudad donde su padre había ganado su fortuna. Al dar vuelta en un recodo del polvoriento camino, de pronto el caballito se detuvo y luego retrocedió. El paso estaba cerrado por un espectáculo horripilante.

Un leproso, con sus brazos casi comidos por la enfermedad, suplicaba que alguien lo ayudara en sus últimas horas de sufrimiento.

Francesco clavó la vista en él sólo un instante y luego tuvo que volver la mirada. Sintió que se le revolvió el estómago, y agarró fuertemente las riendas, dispuesto a volver su caballo hacia la casa.

Pero en aquel instante sucedió algo extraño. Los ojos de Francesco se abrieron de repente a las realidades eternas. La presencia de Dios llenó el corazón del joven, y éste se volvió otra vez para mirar al leproso. Esta vez no vio al hombre enfermo; se vio a sí mismo en el hombre. Se vio como Dios lo veía, espiritualmente depravado. Y Francesco sabía que lo que Dios estaba viendo era mucho peor que la lepra del hombre moribundo.

Al instante Francesco saltó de su caballito y cayó de rodillas junto al hombre que tanto sufría. Estrechó con un brazo al enfermo contagioso, mientras que con la mano que le quedaba libre desató una bolsa de oro que llevaba atada a la cintura. Poniendo la bolsa en las manos casi comidas del leproso, el joven se inclinó un poco más y bondadosamente besó al hombre.

La vida de Francesco de Pietro Bernardone quedó transformada por completo. Se entregó a su Salvador aquella tarde, encontrando un bautismo sobrenatural de compasión. Y ese "bautismo" ocurrió precisamente en las afueras de la ciudad italiana de Asís, una ciudad cuyo nombre sería conocido en todo el mundo por los siglos venideros cuando se hablara reverentemente de San Francisco de Asís.

## Canales de compasión

La oración intercesora comienza con esa misma compasión sobrenatural; y tan extraordinaria preocupación por los demás es un don que sólo puede venir de Dios. Él se lo da a cada uno y a todos los creyentes que estén dispuestos a ejercerlo. Sin embargo, como sólo Dios puede dar esa identificación con el dolor de los demás, debemos acercarnos a Él para recibirla. Pablo les dijo a los creyentes que anduvieran "en amor" (Efesios 5:2). Para andar en amor hay que estar lleno de amor. Como Dios es amor, andar en amor es estar lleno de Dios. Eso requiere que dediquemos mucho tiempo a la comunión con Él en su presencia.

De modo que la compasión es el meollo de la intercesión. *Compasión* se deriva de las dos palabras latinas *com* y *pati*; *com* que significa "con" o "junto", y *pati* que significa "sufrir". Combinadas, esas expresiones describen a alguien que *sufre con* algún necesitado o que *sufre junto* con quienes padecen angustia.

La compasión es más que simple lástima. Es amor en su fase dinámica; es el amor puesto en acción. Es una vida de participación en las luchas de los demás. Cristo nos dio la más plena expresión de la compasión activa cuando fue a la cruz para quitar el sufrimiento que causó el pecado en la humanidad. Jesús no sólo fue un intercesor cuando oraba, como ya hemos visto, sino que Él llevaba una vida de intercesión. Jesucristo *es* compasión. Cuando Él oraba, era la compasión orando. *Ver a Cristo en la oración es ver el amor de rodillas.*

La manera de vivir de una persona determinará cómo esa persona ore. Como escribiera Andrew Murray: "Los hombres oran como viven. Es la vida que ora."

Por lo tanto, la obra de un intercesor no comienza tanto con una carga de oración como con una carga de amor; una carga que finalmente lleva al intercesor a intensas sesiones de oración compasiva que surgen de siete funciones de la intercesión.

## Un llamado a servir

En primer lugar, *interceder* es *servir.* Es *ponerse a disposición de los demás.* Considere el ejemplo de Jesucristo, nuestro Intercesor supremo. Él dijo: "Y el que de vosotros quiera ser el primero, será siervo de todos. Porque el Hijo del Hombre no vino para ser servido, sino para servir, y para dar su vida en rescate por muchos" (Marcos 10:44-45).

El espíritu de servicio es la esencia misma de la intercesión. Nadie ora eficazmente por los demás si no tiene el espíritu de siervo de Cristo. La palabra griega para "servir" en Marcos 10:45 es *doulos,* que significa "en esclavitud por decisión propia". Significa someterse voluntariamente al ministerio de servir a los demás.

Al reflexionar sobre el desarrollo de nuestras dos hijas desde la infancia hasta la adolescencia, todavía me asombra que nunca tuvimos que contratar a una niñera. Eso fue a pesar de que Dee y yo hicimos numerosos viajes misioneros. Tuvimos esa facilidad porque una joven y afable maestra de escuela, Bárbara Blake, mientras pasaba un largo tiempo en oración por la familia Eastman, oyó que Dios le decía: *Te estoy llamando a servir en la familia Eastman.* Bárbara había dejado su empleo de maestra seis meses antes para unirse a nuestro centro de oración donde jóvenes universitarios y otros jóvenes adultos solteros nos ayudaban a mantener una vigilia de oración de veinticuatro horas.

Poco después, Dee y yo recibimos una llamada de Bárbara, que hacía una asombrosa oferta, una que estábamos seguros de que duraría sólo algunas semanas. Bárbara nos dijo que, sin importar cuánto tiempo fuera ni con cuánta anticipación le avisáramos, ella cuidaría de nuestras niñas mientras viajábamos hasta que tuvieran edad suficiente para cuidarse a sí mismas.

Decidimos probar, de modo que llamé a Bárbara la noche después de su oferta. Al principio Bárbara sencillamente cuidaba a las niñas durante algunas horas mientras Dee y yo pasábamos juntos algunos ratos de quietud, algo que tanto necesitábamos. Aquel fin de semana hubo una reunión de ministros, de modo que llamé a Bárbara otra vez. Ella no sólo convino en ayudar, sino que lo hizo con un deleite extraordinario. Y cuando volvimos a casa Bárbara nos hizo prometer que la llamaríamos otra vez sin que importara con cuánto tiempo de anticipación le avisáramos. Después de eso, si no íbamos a ninguna parte durante una o dos semanas, no era raro que Bárbara llamara para preguntar si teníamos algún plan de modo que ella pudiera cumplir con su programa.

Tal vez lo más admirable fue la decisión de Bárbara de mudarse quinientos kilómetros al sur desde Sacramento, California, hasta Los Ángeles cuando Dee y yo recibimos el llamamiento a desarrollar un ministerio mundial de oración mediante *Campaña mundial de literatura*. Bárbara tuvo que buscar un nuevo empleo y un apartamento. Sencillamente decía que había hecho una promesa y quería cumplirla lo mejor posible.

Pero la historia no termina con la llegada de las niñas a la enseñanza secundaria y universitaria. Bárbara todavía llama y va a ayudarnos. Cuida de nuestra casa, del gato y del perro cada vez que está fuera la familia. ¡Sólo espero estar cerca de Bárbara cuando se distribuyan las coronas de "justicia" alrededor del trono de Dios! (2 Timoteo 4:8).

### Un llamado a luchar

En segundo lugar, *interceder* es *luchar*. Es *participar en la batalla.* A primera vista eso parece una desviación de la función de servir. Sin embargo, un espíritu de lucha caracteriza sin duda la intercesión intensa, representada mejor que nadie por Cristo en su experiencia de "lucha" en Getsemaní (Lucas 22:39-44). Como Lucas es médico, vale la pena estudiar la intensidad de su descripción: "Y estando en agonía, oraba más intensamente; y era su sudor como grandes gotas de sangre que caían hasta la tierra" (Lucas 22:44).

La palabra *agonía* empleada por Lucas proviene de la palabra griega *agonia.* Se refiere a un "lugar de torneo" o a un campo de batalla. Sus raíces están en la palabra griega *agon,* que describe un lugar de reunión donde los griegos celebraban sus juegos más importantes. A diferencia de nuestros modernos juegos olímpicos, sin embargo, no era nada raro que los contrincantes lucharan hasta la muerte en un torneo. El ganador era el que salía vivo.

Alabado sea Dios porque Jesucristo salió vivo de Getsemaní, victorioso en una lucha tan intensa que pudo haberlo matado antes que llegara a la cruz. Incluso su muerte en la cruz, donde Cristo llegó a ser la encarnación viva de la intercesión, no fue una derrota como Satanás debe de haber creído, sino una victoria sellada con el milagro de la resurrección. ¡Cristo salió vivo del sepulcro!

Pablo emplea ese tema de la lucha cuando pide las oraciones de los creyentes de Roma: "Pero os ruego, hermanos, por nuestro Señor Jesucristo y por el amor del Espíritu, que me ayudéis orando por mí a Dios" (Romanos 15:30). Aquí la palabra griega para "ayudar orando" es *sunagonizomai*, donde la raíz *agonia* aparece otra vez, que es la misma palabra traducida "agonía" en la descripción que Lucas hace de la lucha de Cristo en Getsemaní. Pablo está indicando: "Mientras ustedes oran, libran una batalla contra las fuerzas que pudieran limitar mi eficiencia en la difusión del evangelio."

Cuando intercedemos por otros estamos librando una batalla en su favor. Y lo más interesante es que ¡a veces la victoria que ganamos en oración en favor de los demás en realidad vuelve a nosotros como una bendición!

Durante años he tenido la costumbre de anotar en mi diario de oración los nombres de los ministros que he conocido. Por supuesto, esa lista de oración ha crecido a través de los años, obligando a una selectividad más cuidadosa en cuanto a qué nombres añadir. Los criterios fundamentales eran que en realidad yo conociera a la persona y que el Espíritu Santo me indicara que añadiera el nombre.

Así que cuando un estudiante de instituto bíblico se me acercó en una convención pidiéndome que añadiera a mi lista de oración a un amigo suyo que acababa de partir rumbo a Arabia Saudita, yo sabía que era muy improbable hacer tal cosa. En primer lugar, el amigo tenía un trabajo secular y mi costumbre era poner en la lista sólo a los ministros. Y no me había encontrado cara a cara con el amigo ni con su esposa. Antes que yo mencionara siquiera mi reserva, el estudiante dijo:

— Se llama George Puia, y su esposa es Lynn.

Deletreó rápidamente el nombre y explicó que, aunque George tenía un trabajo secular, su deseo era ayudar en el inicio de pequeños grupos de oración, así como predicarles a los musulmanes cuando se presentara la oportunidad.

Haciendo una anotación mental del nombre, le dije con toda sinceridad:

— Mi hermano, tengo que decirle que sólo puedo hacer eso si me lo indica el Espíritu Santo.

El estudiante entendió que eso era correcto. Mientras él se iba, descarté de mi mente el asunto, en parte porque sencillamente no parecía que la pareja correspondiera a los criterios de la lista.

Sin embargo, dos días después sucedió algo extraño. Cuando comencé a orar por los hombres y las mujeres en la lista de oración de aquel día, me vinieron a la mente los nombres de George y Lynn Puia. Sentí también una tierna insinuación: *Quiero que los añadas a tu lista.*

Durante dos o tres años oré por George y Lynn Puia. Siempre me preguntaba cómo serían ellos, y qué clase de trabajo secular haría George. Entonces un día llegué a sus nombres en mi lista y me pregunté si mis oraciones estaban dando algún resultado. *Después de todo* — pensé —, *no tengo la menor idea de quiénes son esas personas.* Me pareció oír en mi espíritu que había llegado el momento de dejar de interceder por ellos. Sin pensarlo dos veces, tomé una pluma y taché sus nombres en la lista.

Varias semanas después fui a Chicago para aparecer en un programa de la televisión cristiana. Cuando iba hacia el estudio, doblé una esquina y tropecé con un hombre que iba de prisa en dirección opuesta. Le pedí que me disculpara, y él hizo lo mismo. Luego me miró atentamente.

— ¡Oiga, yo lo conozco a usted! — me dijo —. Usted es Dick Eastman. Usted ha estado orando por mi esposa y por mí. Yo soy George Puia.

Me puso una mano en el hombro y me condujo amablemente al estudio.

— Mi esposa Lynn y yo acabamos de llegar de Arabia Saudita, y ahora soy director administrativo de este canal de televisión.

Para mi asombro, George y Lynn regresaron a los Estados Unidos alrededor del día en que los borré de mi lista. Por lo visto el Señor quería que intercediera por los Puia sobre todo mientras estaban en Arabia Saudita.

Sin embargo, el verdadero estímulo para mí fue cuando George explicó que nuestro libro y nuestros casetes eran instrumentos que él y su esposa usaron para iniciar grupos de oración en ese país estrictamente musulmán. Eso resultaba interesante, ya que los castigos pueden ser severos por introducir tales materiales en países como Arabia Saudita.

He aquí un ejemplo del resultado de las oraciones de apoyo de las personas que estaban intercediendo por George y Lynn. En una ocasión en que iban pasando por la inspección de aduana, George sintió un extraño impulso que los hizo dar un paso atrás y dejar que un árabe que estaba detrás de ellos pasara primero. De repente se produjo un disturbio en el mostrador. Se precipitaron hacia él un grupo de policías armados. El árabe que había pasado delante de

George y Lynn había sido sorprendido pasando de contrabando videocasetes pornográficos, un delito que significaba el arresto inmediato.

— Debido al disturbio — dijo George —, el agente aduanero nos indicó a Lynn y a mí que recogiéramos nuestro equipaje y nos fuéramos.

## Un llamado a identificarse

En tercer lugar, *interceder* es *identificarse*. A menudo un intercesor consagrado descubre que el participar con los demás afecta las normas mismas de la vida. Como Pablo les recordaba a los creyentes corintios: "Siendo libre de todos, me he hecho siervo de todos para ganar a mayor número. Me he hecho a los judíos como judíos, para ganar a los judíos . . . Me he hecho débil a los débiles, para ganar a los débiles; a todos me he hecho de todo, para que de todos modos salve a algunos" (1 Corintios 9:19-20a,22).

Tanto el espíritu de servicio como el espíritu de lucha están vinculados con el espíritu de identificación. Servir es someterse a otros y ayudarlos. Luchar en favor de los demás es entrar en guerra, desviando los ataques de Satanás. Semejante ministerio sin duda requiere un espíritu de identificación con los necesitados así como la disposición de adaptar el estilo de vida de uno, si es necesario, a fin de ayudar a satisfacer esas necesidades.

¿Qué significa identificarse en la intercesión? Es ser cada vez más sensible a las necesidades de los demás, incluso hasta el punto de negarse a uno mismo cualquier cosa que sea necesaria para ayudar a mitigar esas necesidades.

Los intercesores, por ejemplo, aprenden a escuchar "entre líneas" dondequiera que están. En realidad, la conversación común y corriente se convierte en una lista de oración no oral para los intercesores sensibles.

Aprender a identificarme con los demás en la oración fue una extraordinaria lección que Dios me enseñó hace más de una década. Durante varios días, los informes periodísticos y televisivos habían estado llenos de detalles con respecto al secuestro de ciento cincuenta y tres niños holandeses de la escuela primaria, que permanecían como rehenes de una banda de terroristas en Holanda. Los terroristas amenazaron con ejecutar a los niños uno a uno si no se satisfacían sus exigencias.

Desde el día que comenzó la crisis le pedí a Dios que protegiera a los niños y los sacara de allí sanos y salvos. Entonces sucedió algo extraño. Varios días después se intensificaron las amenazas de los terroristas. Aquel día en la capilla de oración del traspatio, a primeras horas de la mañana, ocurrió algo asombroso. Apareció una imagen en mi mente. Era más que una imagen inmóvil. Parecía real, y yo estaba en medio de ella. Me sentí dentro de la escuela donde se mantenían cautivos a los ciento cincuenta y tres niños holandeses. Podía ver a los niños y a las niñas con mis ojos espirituales. Entonces observé algo alarmante. Sólo ciento cincuenta y uno de los niños eran holandeses; las otras dos eran nuestras hijas, Dena y Ginger, de seis y nueve años de edad respectivamente.

En el mundo real sabía que eso no podía ser. Ambas niñas estaban a una distancia de menos de cien pies, profundamente dormidas en cómodas camas. Pero yo había olvidado eso. Había pasado rápidamente a desempeñar el papel de identificación del intercesor, y el Espíritu Santo me había llevado a una intensidad en la oración que jamás había sentido.

Me arrebató la indignación y comencé a ordenarles a los terroristas que dejaran en libertad a los niños. Di puñetazos en la palma de la mano mientras oraba. Apunté el dedo con autoridad, agitándolo reiteradamente ante los terroristas mientras les exigía que liberaran a los niños. Lloré. Grité. Temblé. Y de repente sentí la victoria. La oración terminó tan abruptamente como había comenzado.

Minutos después salí de la capilla de oración del traspatio y me dirigí a la oficina. Tan real fue el sentido de victoria que no volví a pensar en el asunto hasta que me senté a cenar aquella noche con Dee y las niñas. El televisor estaba en la sala y con el rabillo del ojo podía ver la pantalla. Me estaba llevando una cucharada de puré de papas a la boca cuando se oyó la noticia. El locutor Walter Cronkite dijo: "¡Tenemos buenas noticias desde Holanda!" Me quedé inmóvil y luego me volví hacia la pantalla mientras él proseguía.

> Acabamos de recibir la noticia de que hay un cambio en la crisis de los rehenes

> en Holanda. Tres de los ciento cincuenta y tres niños han sido puestos en libertad. Pudiera ser el principio del fin de esta terrible crisis.

Me sorprendió mi reacción. En vez de una expresión de victoria, se me salieron las lágrimas y volví al plato la cuchara llena de papas. Mi familia no tenía idea de lo que yo estaba haciendo. *Señor* — dije en mi corazón —, *no pedí por tres niños; pedí que todos ellos fueran puestos en libertad. Y esa fue una oración nacida de tu Espíritu.*

En aquel instante sentí un nuevo arranque de osadía y di un puñetazo en la mesa, declarando ante mi asombrada familia: "¡Y reclamo el milagro ahora mismo!"

Recordaré hasta que muera lo que ocurrió después. En el preciso instante en que golpeé la mesa se interrumpió el programa para un boletín de noticias. En vez de Cronkite, era un reportero de un canal local afiliado a la CBS:

> Interrumpimos este programa para presentarles las últimas noticias sobre la crisis de los rehenes en Holanda. El informe dado por el señor Cronkite fue grabado hace algunas horas para los televidentes de la costa occidental y está incompleto. Los ciento cincuenta y tres niños fueron liberados en las primeras horas de hoy.

Fue un momento de victoria que nunca olvidaré. Por supuesto, yo no era el único creyente que había orado; pero sabía que mis oraciones habían surtido efecto. Estaba sobre todo impresionado por el medio que Dios usó: el poder de la identificación.

La senda hacia la intercesión comienza con una disposición a identificarse con los sufrimientos y preocupaciones de los demás. Debemos recordar que Jesucristo vino desde las glorias de la eterna belleza a "habitar entre" los seres humanos (o "establecer su tienda", como lo implica la palabra griega) de modo que pagara el precio de la participación (véase Juan 1:14).

## Un llamado a compartir

En cuarto lugar, *interceder* es *compartir*. Es poner lo que uno tiene a disposición de los demás.

Al enviar a sus discípulos, Cristo les impartió una serie de órdenes que resumen los fundamentos del ministerio de ellos. Uno de los deberes de la lista total incluía: "De gracia recibisteis, dad de gracia" (Mateo 10:8).

Es lamentable que muchos creyentes tengan que aprender todavía el secreto de dar sin reservas. Dan, pero no con una generosidad sin restricciones. Observamos que la orden de Cristo a sus discípulos iba más allá del simple dar. Él dijo: "Dad de gracia."

En el fondo de la intercesión significativa está la disposición de dar. Y a menudo esa disposición nace no de un ambiente de prosperidad, sino de condiciones de pobreza. Al describir las iglesias de Macedonia, Pablo dice: "Que en grande prueba de tribulación, la abundancia de su gozo y su profunda pobreza abundaron en riquezas de su generosidad" (2 Corintios 8:2).

Respecto a esa iglesia Pablo añade: "Pues doy testimonio de que con agrado han dado conforme a sus fuerzas, y aun más allá de sus fuerzas, pidiéndonos con muchos ruegos que les concediésemos el privilegio de participar en este servicio para los santos. Y no como lo esperábamos, sino que a sí mismos se dieron . . ." (vv. 3,5).

En una oportunidad — en los primeros tiempos de nuestro ministerio de escuela de oración — necesitábamos con urgencia cinco mil dólares para pagar cuentas que se vencían aquel mismo día. Se me cayó el alma a los pies cuando fui al correo y encontré sólo un puñado de cartas de los creyentes que nos sostenían. El abrir la primera no pareció resolver nada. Contenía setenta y un centavos.

Pero entonces leí el testimonio que acompañaba aquella ofrenda, escrita por una madre de parte de su hijita de seis años de edad. Durante varios años la mamá había apoyado nuestro ministerio, enviando un ofrenda mensual que ahorraba de su presupuesto para comprar los alimentos. El mes anterior había enviado veinte dólares, que habíamos reconocido con una nota de gratitud y una petición de que orara respecto al dinero que necesitábamos para pagar los sueldos. Y ella oró de verdad. Su hijita de seis años alcanzó a oír sus oraciones. La carta de la madre me decía lo que sucedió entonces.

> Elisa ama de veras a Jesucristo. Le pidió que entrara en su corazón cuando tenía cuatro años. Esta noche, en su cuarto, mientras le quitaba su ropita, me sorprendió oír su voz. "Mami — dijo Elisa —, Dios acaba de decirme me que le dé todo el dinero que he ahorrado al ministerio de Dick Eastman, el hombre por el que oraste hoy."

Según la mamá de Elisa, la niñita de seis años tenía lágrimas en los ojos mientras hablaba, hasta cierto punto porque el dinero que había ahorrado, un total de setenta y un centavos, lo había apartado con mucho cuidado para comprar un juguete que deseaba muchísimo.

> Fue algo difícil para Elisa dar todo lo que había ahorrado — escribió la madre de la niñita —, porque en realidad quería aquel juguete. Pero me dijo que quería obedecer a Dios aún más que tener el juguete. Así que, hermano Dick, va adjunta una ofrenda de setenta y un centavos. En realidad es mucho más de lo que yo haya enviado porque, aun cuando cada ofrenda que yo dé sea un sacrificio, nunca he enviado todo lo que he tenido.

Casi parecía como si se hubiera desatado un espíritu de generosidad entre los creyentes que nos sostenían. Cuando se abrió el resto de aquel puñadito de cartas aquella mañana, habíamos recibido más de ocho mil quinientos dólares en ofrendas, y todo comenzó con los setenta y un centavos de Elisa.

### Un llamado a gobernar

En quinto lugar, *interceder* es *gobernar*. Es mandar con autoridad. Al profeta Jeremías, a quien pudiera describirse más apropiadamente como un "intercesor profético", Dios le dijo: "Mira que te he puesto en este día sobre naciones y sobre reinos, para arrancar y para destruir, para arruinar y para derribar, para edificar y para plantar" (Jeremías 1:10).

Jeremías no era rey ni dirigente político. Sin embargo, se le ordenó gobernar sobre "naciones" y "reinos". Es significativo que haya dos esferas de autoridad: naciones y reinos. Aquí *reinos* se refiere a los gobernantes espirituales sobre el mundo invisible, mientras que *naciones* se refiere al liderazgo físico sobre el mundo visible.

Se perfila con toda claridad la misión de Jeremías como intercesor.

Su llamamiento comienza con la tarea de "arrancar". Ser un intercesor eficiente significa ir al mismísimo origen de un problema: sus raíces. Las raíces son la escondida fuente abastecedora de una planta. Cuando se trata de la decadencia moral, las raíces se refieren a las fuerzas invisibles de maldad que alimentan esa decadencia. Por eso a Jeremías se le dio la tarea de arrancar, mediante la intercesión, las "raíces de decadencia" que corrompían su nación. "Arrancar" en la oración es adentrarse tan profundamente en una circunstancia espiritual que seamos capaces de enfrentarnos directamente al origen primario de esa situación.

Además de eso, a Jeremías se le encomienda la tarea de "destruir" los obstáculos que hay frente al plan de Dios para su pueblo.

*Destruir* significa quitar de una posición fija. El hecho mismo de que estamos "destruyendo" algo sugiere que estamos quitando un objeto que se ha elevado y está establecido en esa alta posición. Eso pudiera referirse hoy a los dictadores que se han elevado al poder y se han atrincherado en esa alta posición.

Después a Jeremías se le ordena que "arruine" esos obstáculos. *Arruinar* tiene aquí la connotación de "someter o derrotar a alguien o algo por completo". Al intercesor se le confía un poder imponente, en especial la capacidad de erradicar las influencias de Satanás "por completo".

Hay todavía más. A Jeremías se le ordena que "derribe" lo que Satanás entroniza. *Derribar* es incluso más fuerte que *destruir*. *Derribar* significa "desechar o extirpar algo rápidamente con gran fuerza".

En mi primer viaje a China en 1978 a menudo veía mesas con enormes pilas de ejemplares del "libro rojo" de Mao Tse-tung, una colección de proverbios políticos saturados de ateísmo. La devastadora revolución cultural de la década de los años sesenta resultó mayormente de una lealtad rigurosa a los dogmas expuestos en ese mismo "libro rojo".

Decidí llevarme un ejemplar a casa para usarlo en mi tiempo de oración intercesora. Puse el librito en la capilla de oración del traspatio y cada vez que comenzaba mi intercesión se me recordaba que orara por la liberación espiritual de China. Día tras día durante más de dos años agarraba fuertemente en la mano el librito cubierto de vinil rojo, ordenando que fuera quitado como un factor de la sociedad china. Mis oraciones eran casi violentas. Gritaba contra la influencia de ese libro, recordando a menudo que había visto a los jóvenes en los campos de China leyéndolo como si estuvieran estudiando la Biblia.

Imagínese mi asombro cuando después visité Hong Kong y vi una noticia extraordinaria de primera plana que informaba que se estaba descolgando — *derribando* — el retrato de Mao Tsetung en toda China. Leí cada palabra del artículo en idioma inglés. Un párrafo resaltaba con especial entusiasmo: "Y en cuanto al 'libro rojo' de Mao Tse-tung, es como si hubiera desaparecido de la faz de la tierra."

Pero el llamamiento de Jeremías no está aún completo. Faltan dos responsabilidades esenciales. Lo que comenzó negativamente de repente se vuelve positivo. Ahora se le dice a Jeremías que "edifique" y "plante". *Edificar* quiere decir "dar forma a algo conforme a un plan o proceso definido", o "establecer y fortalecer". Los intercesores no sólo deben quitar los obstáculos mediante sus oraciones, sino que deben ayudar a poner algo en lugar de lo que se ha quitado. De modo que el intercesor no sólo pide que sea eliminado un dirigente malvado; también debe pedir que se ponga en su lugar al dirigente adecuado.

También el plantar es un componente fundamental de la oración intercesora eficaz. *Plantar* significa "poner algo en un lugar donde tenga la capacidad de crecer". Aquí la intercesión es más que orar por una necesidad. La intercesión que "planta" tiene que ver con hacer, con poner en ejecución las respuestas a nuestras propias oraciones. En los últimos capítulos de este libro veremos cómo eso se logra en la práctica.

## Un llamado a llorar

En sexto lugar, *interceder* es *llorar*. Es quebrantamiento delante de Dios. El salmista habló de ese aspecto de la intercesión sensible cuando dijo: "Los que sembraron con lágrimas, con regocijo segarán. Irá andando y llorando el que lleva la preciosa semilla; mas volverá a venir con regocijo, trayendo sus gavillas" (Salmo 126:5-6).

Las lágrimas que derramamos son de importancia vital en la intercesión victoriosa. Notamos que con frecuencia se mencionan las lágrimas en la Biblia. Hay, por ejemplo, lágrimas de quebranto y sufrimiento (2 Reyes 20:5) y lágrimas de gozo y compasión (Génesis 33:4, Juan 11:35). Hay lágrimas de desesperación (Ester 4:1,3) así como lágrimas de congoja (Isaías 42:14) y de arrepentimiento (Joel 2:12-13). En la Biblia se describen las lágrimas como algo que Dios guarda en un frasco (Salmo 56:8), lo que indica que Dios aprecia mucho a los compasivos.

Las lágrimas son agua para las semillas espirituales que sembramos, asegurándonos así una abundante cosecha como resultado de nuestro quebrantamiento. Más que un simple ornamento emocional para nuestras oraciones, las lágrimas *se vuelven* oraciones. Como aclaró Carlos Spurgeon: "¡Las lágrimas son oración líquida!"

## Un llamado a morir

Por último, *interceder* es *morir*. Es la muerte del yo. A los creyentes de Roma Pablo les escribió: "Así también vosotros consideraos muertos al pecado, pero vivos para Dios en Cristo Jesús, Señor nuestro" (Romanos 6:11). Aquí el término traducido *considerar* significa "ver algo como si estuviéramos". Como intercesores, hemos de ver cada situación y circunstancia como si estuviéramos "muertos" a todas las presuposiciones o consideraciones terrenales. *Muertos* quiere decir "estar sin sensaciones".

Es decir, hemos de tratarnos como si en realidad estuviéramos muertos. La intercesión eficaz requiere la muerte del yo. Y en términos espirituales ¡es una muerte genuina!

# 3

# INTENSIDAD EN LA VISIÓN

## *Las prioridades de la intercesión*

Se dice que los buitres, al caer sobre un animal herido, van de inmediato a los ojos de su víctima. Es como si supieran que, si queda alguna posibilidad de vida, tienen que quitarle la visión a la víctima.

Satanás, como un buitre, comprende el valor de la visión para el intercesor. También Pablo reconoció ese valor, y le pedía a Dios que "alumbrara" los "ojos del entendimiento" de los creyentes (Efesios 1:18).

Desafortunadamente, muchísimos discípulos de Cristo logran poco porque carecen de visión. Por lo general, su enfoque está disperso. Se necesita una visión peculiar. Como dice Jack Hayford: "Cuando se reduce la esfera de una actividad o de la vida, aumenta la fuerza de esa actividad o de la vida." El agua que corre a través de un tubo con una circunferencia de tres pulgadas, por ejemplo, va a aumentar mucho en fuerza si se reduce el tubo a una pulgada.

Así ocurre con el intercesor que aclara su visión. La Biblia tiene mucho que decir en cuanto a ese aspecto de nuestras instrucciones sobre la intercesión.

## Claridad de la visión

Cuatro pasajes bíblicos fundamentales proveen a los intercesores de un fundamento para desarrollar la claridad de la visión.

En primer lugar, Proverbios 4:25-26 me ayuda a *determinar mi dirección*: "Tus ojos miren lo recto, y diríjanse tus párpados hacia lo que tienes delante. Examina la senda de tus pies, y todos tus caminos sean rectos." Los intercesores deben saber a dónde van. Deben fijarse nuestros ojos en las cuestiones más cerca del corazón de Dios. ¿Por quién específicamente me ha pedido Dios que ore hoy? ¿Qué naciones o grupos serán conmovidos hoy por el tiempo que hablo con Dios?

En segundo lugar, ¡Job me ayuda a *creer en la victoria*! Él exclamó con angustia: "Mi justicia tengo asida, y no la cederé; no me reprochará mi corazón en todos mis días" (Job 27:6).

En medio de su intenso sufrimiento, Job se aferró firmemente a su creencia de que un Dios soberano estaba desarrollando algo mucho más allá de la comprensión humana. Es cierto que hubo veces en que seguramente Job debe de haber dudado de cualquier posibilidad de victoria. Pero él se negó a ceder. Se aferró a sus promesas.

Como creyentes, sobre todo creyentes que interceden, tenemos que ser persistentes. Debemos volvernos fanáticos y decir como Job: "No cederé la justicia." Una vez se acusó a Winston Churchill de fanatismo. "Me declaro culpable", dijo él, añadiendo su definición de *fanático*: alguien que no puede cambiar de opinión y que no cambiará el tema. A los intercesores que tienen carga por un mundo perdido, por ejemplo, les resulta difícil guardar silencio. Nadie puede cambiar la opinión de ellos y ellos jamás cambiarán el tema. Han estado cerca de la sala del trono tanto tiempo que, en realidad, les importan pocas otras cuestiones. Se han vuelto fanáticos y no cederán.

En tercer lugar, ¡Filipenses 3:13-14 me ayuda a *recibir mi premio*! Pablo habla del "premio" que está delante de los creyentes como "el supremo llamamiento de Dios". Opino que ningún supremo llamamiento es mayor que la intercesión. Pablo les dijo a los filipenses: "Yo mismo no pretendo haberlo ya alcanzado; pero una cosa hago: olvidando ciertamente lo que queda atrás, y extendiéndome a lo que está delante, prosigo a la meta, al premio del supremo llamamiento de Dios en Cristo Jesús" (Filipenses 3:13-14).

Para recibir nuestro premio como intercesores, Pablo señala algunas virtudes del espíritu que nos ayudan. La humildad es un requisito esencial. Debemos decir como Pablo: "Yo mismo no pretendo haberlo ya alcanzado." La perseverancia es otro requisito de la intercesión eficaz. "¡Pero una cosa hago!" dice Pablo. Una triste realidad de la iglesia actual es que tantas personas intentan tantas cosas que terminan logrando poco. Y debemos llegar a ser olvidadizos en cuanto a fracasos se refiere. Debemos aprender de los fracasos; sin embargo, como sugiere Pablo, tenemos que olvidar lo que queda atrás, y extendernos a lo que Dios ha preparado para nosotros.

Por último, 1 Corintios 9:26 me ayuda a *establecer mi meta.* Pablo dijo: "De esta manera corro, no como a la ventura." A los efesios les escribió: "Por tanto, no seáis insensatos, sino entendidos de cuál sea la voluntad del Señor" (Efesios 5:17).

¿Tenemos metas claras? Son fundamentales para la intercesión eficaz. ¿Hacia dónde debemos mirar mientras establecemos esas metas? La respuesta ha de encontrarse en nuestro supremo ejemplo de intercesión, Cristo mismo. Debemos descubrir cuáles prioridades estableció Jesús, y entonces hemos de practicarlas con pasión.

## Las prioridades del Gran Intercesor

Mientras leía el Evangelio según San Juan hace varios años, me detuve a meditar sobre la fuerza de una sola frase de los labios de Jesús: "Me es necesario hacer las obras del que me envió . . ." (Juan 9:4). Fue la expresión *me es necesario* la que atrajo mi atención. Jesús no dijo: "Espero", o "Pienso tratar". Más bien afirmó enérgicamente: "Me es necesario."

La expresión *me es necesario* indica la determinación categórica de cumplir con una tarea. Sugiere insistencia o un firme propósito, y describe un requisito o un deber ineludible, tal como: "Necesito comer."

Me preguntaba cuántas veces Jesús se refirió a su misión intercesora al emplear la expresión *ser necesario.* Con la ayuda de una buena concordancia descubrí que hay casi noventa mil palabras en el texto de los Evangelios; sin embargo, al describir sus propósitos, Jesús empleó la frase *me es necesario* sólo ocho veces. Esos "me es necesario" describen prioridades específicas en la vida de Cristo. Tomadas en conjunto, son de incalculable valor para nosotros cuando tratamos de seguir su ejemplo como intercesores. Ellas incluyen:

### *Primera: Consagración al sufrimiento*

En el orden tradicional de los Evangelios, la primera afirmación categórica de Jesús registrada en las Escrituras (en este caso expresada en tercera persona) se encuentra en la descripción de Marcos: "Y [Jesús] comenzó a enseñarles que *le era necesario* al Hijo del Hombre *padecer* mucho, y ser desechado . . ." (Marcos 8:31, cursivas añadidas).

Aunque refiriéndose a sí mismo en tercera persona como "al Hijo del Hombre", es significativo que Jesús emplee la expresión categórica *le era necesario.* Es nuestra introducción a su estilo de vida como intercesor. Cristo está planteando que todos los que se conviertan en intercesores deben reconocer la relación entre la intercesión y el sufrimiento. Nuestra prioridad fundamental como intercesores es sencilla:

*Para ser como Cristo, me es necesario padecer.*

Jesús vinculó el sufrimiento con el rechazo. A menudo se entiende mal a los intercesores consagrados debido a su tendencia a creer con mucha seriedad las cosas y porque con frecuencia oyen de Dios con respecto a asuntos importantes. A veces su intensidad provoca la crítica de que están "desequilibrados" en su andar cristiano, de que están tan interesados con el cielo que no sirven para nada en la tierra.

Los intercesores no están exentos del sufrimiento físico. Resulta interesante que la Biblia nos mande a sufrir. Pablo les dijo a los creyentes corintios: "No haya desavenencia en el cuerpo . . . De manera que si un miembro padece, todos los miembros se duelen con él" (1 Corintios 12:25-26). A los romanos, Pablo les dijo: "Llorad con los que lloran" (Romanos 12:15). Aun cuando nosotros no estemos sufriendo, hemos de buscar a quienes sufren y sufrir con ellos. El que se les mande a sufrir es muy apropiado para los intercesores.

Eso no quiere decir que debamos causarnos dolor físico, sino más bien comprender que el conflicto puede dejar cicatrices cuando nos dirigimos a la victoria suprema. Jesucristo saboreó la victoria de la resurrección sólo después de la agonía del Getsemaní y del Calvario.

### *Segunda: Consagración al deber*

De las primeras palabras registradas de Cristo a la edad de doce años, aunque en segundo lugar en el orden bíblico tradicional de los Evangelios, surge una verdad que nos provee del segundo principio prioritario de Cristo (véase Lucas 2:48-49). Como cualquier niño judío de doce años, Jesús fue llevado a Jerusalén para la ceremonia en que se consagra a los muchachos de esa edad. Había llegado a "la mayoría de edad", y esa era la oportunidad en que se reconocía su llegada a la pubertad. Muchos miembros de la familia participaban en las festividades. Eso hace más fácil entender cómo, cuando salieron del templo para emprender el largo viaje de vuelta a su hogar, los padres de Jesús pensaron que su hijo estaba en otra parte en la gran compañía de los miembros de la familia.

Transcurrieron tres días antes que los padres de Jesús se dieran cuenta de que el muchacho no estaba en ninguna parte donde pudieran encontrarlo. Volviendo de prisa, se asombraron al descubrir que Jesús había permanecido en el templo, y que estaba sentado entre los maestros hebreos, respondiendo a sus preguntas. Lucas describió ese momento: "Cuando le vieron, se sorprendieron; y le dijo su madre: Hijo, ¿por qué nos has hecho así? He aquí, tu padre y yo te hemos buscado con angustia. Entonces él les dijo: ¿Por qué me buscabais? ¿No sabéis que *en los negocios de mi Padre me es necesario estar?*" (Lucas 2:48-49, cursivas añadidas).

De modo que las primeras palabras de Cristo registradas en las Escrituras incluyen una afirmación categórica. Ese imperativo puso de relieve su *consagración al deber*. Y el "negocio del Padre" era la redención de la humanidad.

En esto hallamos un segundo principio para el intercesor:

*Para ser como Cristo, debo estar en los negocios de Dios.*

Cristo introdujo su llamado a sus primeros discípulos con las palabras: "Venid en pos de mí, y haré que seáis pescadores de hombres" (Marcos 1:17). Pudieran tratarse de muchas maneras los negocios de Dios, pero no puede soslayarse la característica predominante: Jesucristo vino, vivió y murió por la redención de la humanidad. Salvar almas es el "negocio" del Padre, y los intercesores consagrados al negocio del Padre mantendrán la evangelización mundial en primer lugar en su lista de las prioridades de su oración personal.

### *Tercera: Consagración a la obra misionera*

La tercera afirmación divina del gran Intercesor tiene que ver con la obra misionera. Del recorrido de Jesús por algunas ciudades desiertas cerca de Capernaúm, Lucas dijo: "Cuando ya era de día, salió y se fue a un lugar desierto; y la gente le buscaba, y llegando a donde estaba, le detenían para que no se fuera de ellos. Pero él les dijo: *Es necesario que también a otras ciudades anuncie el evangelio del reino de Dios*, porque para esto he sido enviado" (Lucas 4:42-43, cursivas añadidas).

Aquí Cristo pone de relieve su consagración a

la suprema misión de su vida, la del establecimiento del reino de Dios en todas partes.

Jesús había terminado su ministerio en Capernaúm y estaba a punto de entrar en un lugar desierto cuando una muchedumbre corrió en pos de Él. Las personas que estaban allí habían sido testigos del impacto de su ministerio con los muchos milagros que lo acompañaban y que ocurrían en todas partes adonde iba Jesús, y querían más. Hacían lo que hacen algunos en la iglesia actual que quieren acaparar las bendiciones de Dios. Piense en esas congregaciones que construyen enormes edificios para adaptarse a su crecimiento extraordinario, con el propósito de que más tarde haya enormes sumas de dinero para las misiones. Pero por alguna razón cuando llega ese día surgen nuevos proyectos locales, posponiendo para más adelante la entrega de tales recursos.

Pero obsérvese la reacción de Cristo ante los que acaparaban las bendiciones: "Es necesario que también a otras ciudades anuncie el evangelio del reino de Dios."

Aquí descubrimos el tercer principio prioritario para los intercesores:

*Para ser como Cristo, debo ir a algún lugar con el evangelio.*

Es un principio que pone de relieve *una consagración a la obra misionera.* A todos los creyentes se les manda a participar en la Gran Comisión. A la iglesia se le llama a ir a todo el mundo. Debe evangelizarse a todas las personas en todas partes. Y para que la iglesia vaya a *todas partes,* cada creyente debe ir *a algún lugar*.

¡Muchos pueden hacer eso mejor de rodillas! Por eso nos referimos a este principio como una consagración a la *obra misionera*, en singular, más bien que una consagración a las *misiones*, en plural. Todos tenemos una misión específica en la vida. Sin que importe lo que hagamos en cuanto a la Gran Comisión, nunca debemos considerarla sólo en sentido general. Los misioneros no van a todo el mundo; van individualmente a lugares específicos del mundo. De modo que hacen un impacto en todo el mundo de manera colectiva. Pero sólo cuando aceptemos nuestra misión individual como intercesores haremos una contribución a la evangelización de "todo el mundo".

### *Cuarta: Consagración a la perseverancia*

Mientras Jesús continuaba su ministerio en todas las ciudades y aldeas cerca de Jerusalén, se acercaba la hora en que iba a inmolarse en la cruz. Cuando Él predicaba en una de las aldeas, un grupo de fariseos fue a verlo con una advertencia severa: "Sal, y vete de aquí, porque Herodes te quiere matar" (Lucas 13:31).

Jesús respondió rápidamente: "Id, y decid a aquella zorra: He aquí, echo fuera demonios y hago curaciones hoy y mañana, y al tercer día termino mi obra. Sin embargo, *es necesario que hoy y mañana y pasado mañana siga mi camino;* porque no es posible que un profeta muera fuera de Jerusalén" (Lucas 13:32-33, cursivas añadidas).

Cuando Jesús habló de terminar su obra el tercer día, se estaba refiriendo a su batalla en la cruz que tendría lugar sólo tres días después. Esos iban a ser días difíciles, días que incluirían la lucha de Getsemaní, su traición y el Calvario mismo. Es probable que cualquier persona común y corriente, sabiendo que le aguardaba semejante lucha, se habría retirado a un lugar solitario para descansar antes de la batalla. Pero Jesús tenía una tarea que realizar y debía predicar hasta llegar a la cruz. Cuando se le dijo que se escondiera por temor a Herodes, Jesús respondió afirmando: "Es necesario que hoy y mañana y pasado mañana siga mi camino." Fue su manera de decir: "¡Debo seguir perseverando hasta que llegue el tiempo señalado para mí!"

En el fondo de la intercesión hay un espíritu de perseverancia, una virtud que Cristo mostró en esas últimas batallas de su ministerio. Al hacerlo así Él nos estaba proveyendo de un fundamento para nuestra cuarta prioridad:

*Para ser como Cristo, debo negarme a desistir.* Cristo nos estaba mostrando que la victoria suprema exigía *consagración a la perseverancia.*

Jesús sabía que iba a morir tres días después. Sin embargo, reconoció que todavía le quedaba trabajo por hacer. En realidad, incluso en la cruz continuó su ministerio terrenal cuando amorosamente le habló al ladrón moribundo.

Obsérvese sobre todo el verbo *terminar* en Lucas 13:32. Derivada de la palabra griega *te-*

*leioo*, "terminado" significa completar o acabar una tarea, o darle el fin deseado a algo. Cristo iba a trabajar abnegadamente en sus últimos días en la tierra, perseverando siempre, hasta que pudiera "terminar" o "completar" su obra suprema en la cruz en Jerusalén.

Tal es la descripción del verdadero intercesor. La perseverancia es la clave de su consagración. Es, por definición, la disposición a seguir un plan a pesar de la dificultad o la oposición. Los genuinos intercesores, como Jesucristo, se desempeñan a causa de una consagración a la perseverancia.

### *Quinta: Consagración a las relaciones humanas*

Un día el ministerio de Cristo lo llevó a la próspera ciudad de Jericó, donde grandes multitudes se habían reunido para verlo. La noticia de sus milagros atrajo multitudes que esperaban ver a ese predicador galileo. Una persona, un recaudador de impuestos de Jericó pequeño de estatura, avanzó lentamente a través de la multitud. Zaqueo quedó fascinado por lo que había oído de ese obrador de milagros y por último decidió subirse a un árbol para ver por sí mismo.

Lucas explica: "Cuando Jesús llegó a aquel lugar, mirando hacia arriba, le vio, y le dijo: Zaqueo, date prisa, desciende, porque hoy *es necesario que pose yo en tu casa*" (Lucas 19:5, cursivas añadidas).

Jesús quería un encuentro personal con Zaqueo. Vio el valor de esa alma solitaria, y estuvo dispuesto a invertir el tiempo que fuera necesario para presentarle el evangelio del reino.

Cristo se interesa por las personas, una virtud esencial para el estilo de vida del intercesor. A Zaqueo le expresó el interés con estas palabras: "Hoy es necesario que pose yo en tu casa." Parece ser sólo un comentario casual, pero incluye otra prioridad para los que aspiran a ser intercesores:

*Para ser como Cristo, ¡debo interesarme por los demás!*

Jesús se había consagrado *a las relaciones humanas*. Quería estar cerca de la gente. Obsérvese que Él no dijo: "Zaqueo, estoy celebrando una serie de reuniones en el templo este fin de semana. Espero verte allí." Jesús fue directamente a la casa de Zaqueo. Fue al encuentro de él donde él vivía.

La mayoría de las personas no encuentran a Cristo en una reunión evangelística sino porque alguien se relaciona con ellas allí mismo donde viven. Incluso las que sí encuentran a Cristo mientras asisten a una reunión de la iglesia por lo general son llevadas allí por un amigo que ha dedicado el tiempo a relacionarse con la necesidad de esas personas.

¡Cuánto más eficaz sería la evangelización moderna si volviéramos a la norma neotestamentaria del ministerio de casa en casa! En el encuentro de Cristo con Zaqueo, toda la familia del recaudador de impuestos resultó transformada por la visita de Cristo. El intercesor que transforma con el evangelio sólo a una persona donde vive pudiera estar transformando a toda una generación con el mensaje de Cristo de vida eterna.

***Sexta: Consagración al sacrificio***

La intercesión y el sacrificio están estrechamente relacionados. Como se subrayó antes, es fundamental la muerte del yo para la intercesión. Al referirse a su sacrificio en la cruz, Jesús empleó la afirmación categórica: "Y como Moisés levantó la serpiente en el desierto, *así es necesario que el Hijo del Hombre sea levantado*, para que todo aquel que en él cree, no se pierda, mas tenga vida eterna" (Juan 3:14-15, cursivas añadidas). Empleando la tercera persona, Cristo se refiere a sí mismo como "el Hijo del Hombre" que "es necesario que sea levantado".

A menudo los predicadores han empleado ese versículo para exhortar a los creyentes a "levantar a Cristo" para que el mundo se acerque a Él. En realidad, Cristo hizo esa declaración respecto a que Él había de ser levantado en la cruz. Estaba haciendo una comparación con la época de Moisés, cuando una plaga azotó al pueblo de Dios y a Moisés se le ordenó que levantara una serpiente sobre una estaca. Eso fue una evidente mirada al futuro poder de la cruz para destruir los planes de la serpiente.

Aquí Cristo nos da otro principio prioritario: *Para ser como Cristo, debo levantar mi cruz cada día.* La cruz simboliza *una consagración al sacrificio*, una virtud esencial para la intercesión.

También Pablo describió ese principio cuando escribió: "Pero cuantas cosas eran para mí ganancia, las he estimado como pérdida por amor de Cristo. Y ciertamente, aun estimo todas las cosas como pérdida por la excelencia del conocimiento de Cristo Jesús, mi Señor, por amor del cual lo he perdido todo, y lo tengo por basura, para ganar a Cristo" (Filipenses 3:7-8).

La cruz es la descripción perfecta de la intercesión. Allí vemos a Jesucristo, levantado entre cielo y tierra como mediador, y que pronto ocuparía su posición como Intercesor eterno a la diestra de Dios. Como intercesores que llevamos nuestras propias cruces de sacrificio, también nosotros nos levantamos entre la humanidad que sufre y un Padre amoroso, llevando sus inquietudes a Dios en oración.

### *Séptima: Consagración a la oportunidad*

Ensaye este sencillo ejercicio en cuanto a tener conciencia de la oportunidad. Deténgase un instante, cierre los ojos y en silencio cite de memoria Juan 3:16.

Es probable que no le tome más de diez segundos decir: "Porque de tal manera amó Dios al mundo, que ha dado a su Hijo unigénito, para que todo aquel que en él cree, no se pierda, mas tenga vida eterna." Lamentablemente, en ese mismo espacio de tiempo, morirán unas quince personas. Es decir, cinco mil cuatrocientas personas en la próxima hora, o más de ciento treinta mil mañana a esta misma hora, y la mitad de ellas no saben que Cristo murió por sus pecados.

¡Qué gran necesidad de intercesión presentan esas cifras! Nunca debiéramos perder una oportunidad de servir. Sin duda, aquí Jesús es nuestro modelo. Reconoció el valor del momento oportuno. Nunca perdió una oportunidad de servir. Cuando le salió al encuentro un hombre ciego de nacimiento, sus discípulos se interesaron en la causa de esa enfermedad, y le preguntaron: "Rabí, ¿quién pecó, éste o sus padres, para que haya nacido ciego?" (Juan 9:2).

Sin embargo, Cristo vio la situación desde un punto de vista diferente. "Respondió Jesús: No es que pecó éste, ni sus padres, sino para que las obras de Dios se manifiesten en él." Luego añadió: "*Me es necesario hacer las obras del que me envió, entre tanto que el día dura*; la noche viene, cuando nadie puede trabajar" (Juan 9:3-4, cursivas añadidas).

Aquí encontramos otro principio prioritario de Cristo para el intercesor:

*Para ser como Cristo, ¡debo hacer algo hoy!* Eso expresa *una consagración a la oportunidad* y un sentido de urgencia divina.

Un ejemplo de eso es una historia de hace algunos años en la que participó un consagrado obrero de *Cada hogar para Cristo* de Brasil, que distribuía mensajes evangélicos impresos. Iba por las bulliciosas calles de una zona comercial, repartiendo tratados y hablando de Cristo cada vez que le era posible. Al entrar en una barbería, se produjo una conversación entre el obrero cristiano y un cliente del barbero, a quien aquél le daba testimonio de su fe. De pronto el barbero mismo comenzó a hacer preguntas. En pocos minutos reconoció que era pecador y preguntó si podía recibir a Cristo como Salvador personal en ese momento. Así que mientras un sorprendido cliente observaba silencioso sentado en la silla, el barbero recibió a Cristo como Salvador.

El obrero continuó visitando las tiendas de la barriada, y al atardecer comenzó a caminar de vuelta hacia su casa. Observó que había un tumulto cerca de la misma barbería donde antes había guiado al hombre a Jesucristo. La entrada estaba atestada de personas. Esperaba una ambulancia. Al obrero le resultó difícil creer lo que veía. El mismo barbero a quien había guiado a Jesucristo algunas horas antes yacía muerto junto a su silla. Al obrero se le salieron las lágrimas; pero eran lágrimas de alegría, no de tristeza. Había estado en el lugar preciso, en el momento propicio, y había aprovechado la oportunidad. Y lo mejor de todo era que ¡el barbero estaba en el cielo!

### *Octava: Consagración a acabar la carrera*

La última afirmación categórica sobre la intercesión aparece también en el Evangelio según San Juan (véase Juan 10:1-18). Aquí Jesús se describe a sí mismo como el Buen Pastor que "su vida da por las ovejas". Él dice: "También tengo otras ovejas que no son de este redil; *aquellas también debo traer*, y oirán mi voz; y habrá un rebaño, y un pastor" (Juan 10:16, cursivas añadidas).

Pronto Cristo iba a terminar su misión y cumplir su propósito al venir a la tierra. Faltaban pocos días para llegar a la cruz. La premura con que caminó y trabajó, amó y vivió, ahora estaba a punto de culminar en un glorioso estallido de cumplimiento eterno. Seguiría su propósito hasta la cruz, y más allá. Su intercesión a la diestra del Padre, junto con nuestros esfuerzos de oración en la tierra en unidad con Él, sería parte de su plan "debo traer" para llegar a todo linaje y lengua y pueblo y nación (Apocalipsis 5:9).

Terminaría lo que vino a hacer. Y en la oración más larga de Cristo registrada, en Juan 17, encontramos un esclarecimiento de esa consagración a la terminación de la obra: "Yo te he glorificado en la tierra; he acabado la obra que me diste que hiciese" (Juan 17:4).

Cuando Jesús dijo que hay otras ovejas que no son de este redil que él debía traer, nos estaba proveyendo de un fundamento para el último principio prioritario de Cristo:

*Para ser como Cristo, debo acabar la tarea que se me ha asignado.* Es *una consagración a la consumación*, siendo la consumación la terminación o el cumplimiento de un plan o de una meta. Lo que Jesús dijo antes de ir a la cruz, "he acabado la obra", se amplió en una frase de consumación en la cruz: "¡Consumado es!"

Aquí está el espíritu del intercesor. Vendremos a ser compañeros de Cristo, nuestro Intercesor eterno, al llevar a cabo el cumplimiento de su consagración a "otras ovejas". Daremos, iremos, lloraremos y trabajaremos hasta que todo linaje y lengua y pueblo en este globo terráqueo le rindan tributo a la majestad de Cristo, ¡y lo coronen Señor de todo!

# 4

# CONTIENDA ORDENADA

## *Estableciendo estrategias de lucha para la intercesión*

Ha sentido alguna vez que Satanás lo haya escogido a usted para un ensayo especial? Es como si estuviera adiestrando a un nuevo demonio y necesitara un individuo idóneo para practicar con él ¡y usted fuera el elegido! Cualquier seguidor de Jesucristo en estrecho contacto con la Palabra de Dios reconoce la realidad de las fuerzas satánicas invisibles. Están bien organizadas y procuran sobre todo hacer estragos en nuestras metas de intercesión. De seguro que si Satanás tiene una estrategia sería bueno que nosotros, como creyentes y guiados por la Palabra y el Espíritu de Dios, desarrolláramos nuestra propia estrategia.

### Orden: Instrumento clave del intercesor

La Biblia es muy clara con respecto a la importancia espiritual de poner en orden nuestra vida de oración. David, al describir su deseo de oración diaria, dijo: "Oh Jehová, de mañana oirás mi voz; de mañana me presentaré delante de ti, y esperaré" (Salmo 5:3).

Carlos Spurgeon escribió de ese pasaje lo siguiente:

> Si sencillamente leemos ese texto en nuestro idioma, y queremos una explicación de esas dos oraciones, la encontramos en la figura de un arquero: "Te dirigiré mi oración." Es decir, "pondré mi oración en mi arco, la dirigiré hacia el cielo, y entonces cuando haya disparado mi flecha, esperaré a ver adónde ha ido".
>
> Pero aquí la expresión hebrea tiene un sentido mucho más amplio que "dirigiré mi oración". Es la palabra que se emplea para la colocación en orden de la leña y los objetos del sacrificio sobre el altar, y también se emplea para cuando se pone el pan de la proposición sobre la mesa. Significa precisamente esto: "Poner en orden mi oración delante de ti." De mañana la colocaré sobre el altar al igual que el sacerdote colocaba los sacrificios de la mañana. Dirigiré hacia arriba mis oraciones. Las pondré en orden. Invocaré todos los poderes a mi alcance, y oraré con todas mis fuerzas, de manera aceptable.

La palabra hebrea empleada aquí para "presentar" es *arak*. Un equivalente de esa palabra en castellano es *poner en orden. Arak* es una palabra que se empleaba con frecuencia en el Antiguo Testamento y dondequiera que se use se refiere a establecer orden a cierto nivel o en cierto grado.

Como indicara Spurgeon, un uso muy frecuente de *arak* en la Biblia está relacionado con el orden que los sacerdotes daban a sus sacrificios diarios. Obsérvense las instrucciones de Dios para Moisés al establecer la adoración del tabernáculo: "Pondrás en él el arca del testimonio, y la cubrirás con el velo. Meterás la mesa y la *pondrás en orden* . . ." (Éxodo 40:3-4, cursivas añadidas). La palabra hebrea empleada en este pasaje para *poner en orden* es *arak*.

La Biblia se refiere a que la sabiduría pone las cosas en orden antes de que acudamos al Señor con nuestras intercesiones. Proverbios dice que la sabiduría "puso su mesa" (Proverbios 9:2). En este caso *puso* significa "puso en orden". El pasaje quiere decir que la sabiduría pone en orden las cosas tal como se pone la mesa para una comida. También Isaías empleó *arak* cuando dijo: "*Ungid* el escudo . . . pon centinela . . ." (Isaías 21:5-6, cursivas añadidas). Aquí se emplea *arak* para describir una ordenada preparación antes de poner un centinela en la torre.

Obsérvense las insinuaciones de la lucha espiritual en esos pasajes, particularmente interesantes para nosotros como intercesores. También Jeremías emplea *arak* en un contexto de guerra en que él profetiza: "*Preparad* escudo y pavés, ¡y venid a la guerra!" (Jeremías 46:3, cursivas añadidas). Aquí *arak* se traduce "preparar".

Lo más interesante con respecto al empleo de *arak* en un orden de batalla es la confrontación entre Israel y la rebelde tribu de Benjamín como se relata en Jueces 20. Respecto al plan de batalla de Israel contra Benjamín, dice que "ordenaron la batalla contra ellos . . ." (Jueces 20:20). Establecer un "orden de batalla" (*arak*) significa desarrollar una ordenada estrategia antes de entrar en el conflicto.

Obsérvese la importancia que eso tiene para el intercesor. Debemos estar preparados antes de entrar en cada batalla. Job empleó la palabra *arak* cuando dijo: "He aquí ahora, si yo *expusiere* mi causa, sé que seré justificado" (Job 13:18). Una definición original de *arak* en el léxico hebreo es exponer una causa ante un tribunal de justicia.

En resumen, *tenemos que desarrollar un plan de ataque antes de trabar combate con el enemigo en la lucha de la oración.* No hay nada antibíblico en cuanto a orar con orden. Decir que "oro según me guía el Espíritu Santo" parece correcto, pero puede volverse una excusa para descuidar la intercesión ordenada e inteligente. En realidad, los intercesores veteranos muestran una absoluta dependencia del Espíritu Santo para recibir poder y dirección en la oración, pero asimismo reconocen que el Espíritu Santo dará órdenes e ideas que nos ayuden a orar eficazmente. Se concibieron muchas de las páginas que siguen para ayudar a los intercesores a desarrollar tal orden bíblico en su oración.

### Estrategias para la lucha victoriosa

La estrategia es un plan de acción. Tres pasajes bíblicos fundamentales nos guían a estrategias esenciales para la lucha victoriosa.

En primer lugar, *como intercesores debemos considerar el llamado de Pedro a la vigilancia.* Pedro escribió: "Sed sobrios, y velad; porque vuestro adversario el diablo, como león rugiente, anda alrededor buscando a quien devorar; al cual resistid firmes en la fe . . ." (1 Pedro 5:8-9). El *sobrios* empleado aquí significa que hemos de tener dominio propio en vista de los continuos planes de nuestro enemigo para destruirnos mediante innumerables tentaciones. Aquí *velar* significa vigilar, es decir, estar alerta. El empleo de la expresión *resistir firmes* es particularmente importante. Se deriva de la misma palabra griega traducida "estar firmes" en la exhortación de Pablo a los efesios: "Estad, pues, firmes, ceñidos vuestros lomos con la verdad . . ." (Efesios 6:14). *Resistir firmes* sencillamente significa hacer resistencia. Y no es simplemente una resistencia pasiva y defensiva. Es una actitud agresiva que procura hacer huir al diablo.

En segundo lugar, *como intercesores debemos considerar el llamado de Santiago a la resistencia.* Él dijo: "Someteos, pues, a Dios; resistid al diablo, y huirá de vosotros. Acercaos a Dios, y él se acercará a vosotros" (Santiago 4:7-8). Aquí el verbo *resistir* proviene del griego *anthistemi*, que significa "combatir" u "oponerse". Se deriva de la misma raíz empleada en el capítulo de lucha de Pablo (Efesios 6) en el que nos dice que debemos "estar firmes contra *[histemi]* las asechanzas del diablo".

Es notable en la exhortación de Santiago la conexión que hace entre la sumisión y la oración para la lucha victoriosa. Pudiera llamarse el "emparedado de guerra" de Santiago. El "resistid al diablo, y huirá de vosotros" del apóstol está insertado entre *sumisión* ("someteos a Dios") y *oración* ("acercaos a Dios"). Esa última exhortación es especialmente fundamental porque se refiere a nuestra comunión con el Padre. Y cuanto más nos acerquemos a Dios, tanto más tendrá que huir el enemigo. Lo que más teme Satanás es la presencia de Dios.

En tercer lugar, *como intercesores debemos considerar el llamado de Pablo a la preparación.* El apóstol comenzó su exhortación con el doble llamado a "fortalecerse en el Señor" y a "vestirse de toda la armadura de Dios" (Efesios 6:10-11).

Luego Pablo esboza sistemáticamente la naturaleza de nuestro conflicto espiritual, las estructuras de los seres invisibles en los lugares celestiales, y la importancia de estar adecuadamente preparado para la lucha venidera. Es aquí que él empleó la analogía de la armadura para mostrarnos precisamente lo que necesitan los creyentes a fin de prepararse de manera adecuada para hacer frente a los ataques de Satanás.

De interés especial en cuanto a nuestro arsenal de pertrechos espirituales es que cada aspecto de la armadura es una analogía, salvo uno. Por ejemplo, en realidad no podemos ver nuestra coraza de justicia ni nuestro escudo de la fe. Son tipos o analogías de realidades que pueden entenderse sólo en términos espirituales. Ni tampoco podemos tomar en nuestras manos un yelmo literal de la salvación. Pero ese no es el caso con el último aspecto de nuestra armadura, la espada del Espíritu, que es la Palabra de Dios. Podemos tomar literalmente la Palabra de Dios en nuestras manos y emplearla como un arma espiritual. Eso es lo que hizo Jesús en su lucha del desierto, cuando su reiterada respuesta a las insinuaciones de Satanás fue: "Escrito está" (véase Mateo 4:4,7,10).

Nuestro "escrito está" es la Palabra de Dios empleada en la oración. La Palabra, en realidad, es la única arma ofensiva mencionada en el arsenal del armamento espiritual de Pablo. Todos los demás aspectos de la armadura son defensivos.

Después de la exhortación de Pablo a vestirse de toda la armadura de Dios, que incluye el tomar la espada, el apóstol declaró: "Orando en todo tiempo con toda oración y súplica en el Espíritu, y velando en ello con toda perseverancia y súplica por todos los santos; y por mí . . ." (Efesios 6:18-19).

Aquí hallamos una verdad esencial: *La oración no es otra arma en nuestra lista de armamentos sino que es la batalla misma.* Es el campo de batalla en el que trabamos combate con nuestro enemigo. Al finalizar su exhortación a los creyentes de Éfeso respecto a la lucha espiritual, Pablo nos proveyó de una séxtuple estrategia extraordinaria.

### Un llamado a la intercesión "incesante"

Pablo presentó su estrategia de lucha en la oración con la exhortación a "orar en todo tiempo". En otra carta el apóstol dijo: "Orad sin cesar" (1 Tesalonicenses 5:17).

Pablo no estaba indicando, por supuesto, que alguien ore veinticuatro horas al día, sino más bien que continuemos en disposición de orar cuando surgen las necesidades. La expresión *sin cesar* se deriva del griego *adialeiptos*, una palabra que se empleaba comúnmente en la antigua Grecia para describir a alguien con una tos seca. Sin duda, la persona no podía planear su tos durante todo el día, pero tosía cada vez que fuera necesario. La necesidad causaba la reacción.

Así ocurre con los intercesores de experiencia. Como la tos que se produce cuando surge el impulso, se ora por cada necesidad que uno se encuentre.

Puede usarse el orar sin cesar tanto como una disciplina intercesora individual o colectiva. Pocos relatos son más conmovedores que el de la gran reunión de oración de cien años instituida por los creyentes moravos en 1727. Creyentes perseguidos de Bohemia y Moravia buscaron refugio en 1722 en los estados del conde Nicolás von Zinzendorf, un noble piadoso que vivía en Sajonia (la Alemania moderna). Zinzendorf le había puesto a la comunidad el nombre de Herrnhut, que significa "el reloj del Señor".

Lamentablemente, durante los primeros cinco años de existencia de Herrnhut la comunidad difícilmente se asemejaba a su nombre. A principios de 1727, Herrnhut, que para entonces tenía unos trescientos habitantes, estaba destrozada por el desacuerdo. Era imposible cualquier esperanza de avivamiento. Desesperados, el conde Zinzendorf y otros convinieron en buscar a Dios pidiéndole uno de los puntos más fundamentales de todas las oraciones intercesoras, el despertamiento espiritual.

Y entonces ocurrió el doce de mayo. Una inusitada visitación de Dios recorrió Herrnhut. En pocos días desapareció todo desacuerdo, y se convirtieron todos los incrédulos. De aquella época diría más tarde el conde: "Todo el lugar representaba una genuina y visible morada de Dios entre los hombres."

Se apoderó de toda la comunidad un espíritu de intercesión. Para el 27 de agosto veinticuatro hombres y veinticuatro mujeres habían prometido dedicar una hora cada día a la oración intercesora, manteniendo así la oración incesante. Poco después, muchos otros hicieron iguales compromisos. Las intercesiones siguieron sin cesar, mes tras mes, año tras año, década tras década. Citado en la revista *Decisión*, el historiador A. J. Lewis cuenta lo siguiente: "Durante más de cien años, todos los miembros de la iglesia morava participaron en la 'intercesión por horas'. Dentro y fuera del país, en tierra y mar, ese reloj de oración se elevó sin cesar hasta el Señor."

El espíritu de intercesión de los moravos se hizo tangible cuando comenzaron a enviar misioneros al extranjero. Durante los primeros dos años después de comenzar su intercesión por las naciones, habían muerto veintidós obreros moravos. Los futuros misioneros moravos se referirían a esa época como "la Gran Mortandad".

Pero aún así persistieron, y siguieron orando. En sesenta y cinco años los moravos enviaron trescientos misioneros a todo el mundo. En realidad, algunas de sus victorias cambiaron la historia. Por ejemplo, sólo once años después del inicio del reloj de oración incesante, un joven afligido por profundas dudas y aprensiones espirituales andaba sin rumbo y entró en una reunión de oración de los moravos en Londres. Años después él decía de aquella noche que su corazón estaba "raramente entusiasmado" cuando llegó a un conocimiento personal de Jesucristo. El nombre del hombre era Juan Wesley, y lo demás es historia.

## Un llamado a la intercesión "completa"

La estrategia de oración de Pablo continúa con la frase *con toda oración*. Hemos de incluir toda forma de oración bíblica como parte de nuestra lucha espiritual.

Hay muchos tipos de oración bíblica que pueden clasificarse. A mediados de la década de los años setenta el Señor me pidió que "velara" con Él una hora cada día (véase Mateo 26:41), y como me mostró doce categorías de la oración, me di cuenta de que el dedicarle sólo cinco minutos a cada asunto equivaldría a una hora.

Por supuesto que esto era sólo una guía, y cuando les he explicado a otros ese concepto siempre he tenido cuidado de no transmitir un sentido de legalismo.

La lista completa, que después llegó a ser el libro *La hora que cambia al mundo* (Editorial Vida, 1983), incluye lo siguiente:

1. *Alabanza*: ¡un tiempo de *exaltación!* El salmista dijo: "Porque mejor es tu misericordia que la vida, mis labios te alabarán" (Salmo 63:3). Alabar a Dios es reconocerlo por quién Él es. Es exaltar a Dios con nuestras palabras. La alabanza debe ser el punto de partida de toda oración.

2. *Espera*: un tiempo de *adoración*. Aunque estrechamente relacionado con la alabanza, el esperar es un tiempo de adoración silenciosa a Dios por lo que Él es. El salmista dijo: "Esperé yo a Jehová . . . Mi alma espera a Jehová más que los centinelas a la mañana" (Salmo 130:5-6). Mientras que la alabanza significa reconocer de palabras a Dios por su grandeza, el esperar es más un tiempo de sólo amarlo a Él en silencio.

3. *Confesión*: un tiempo de *examen*. Este es un tiempo dedicado a la evaluación personal de nuestra condición espiritual como creyentes. El salmista dijo sencillamente: "Mi pecado te declaré . . . Confesaré mis transgresiones" (Salmo 32:5). Pablo les dijo a los creyentes corintios: "Así que, amados, puesto que tenemos tales promesas, limpiémonos de toda contaminación de

carne y de espíritu, perfeccionando la santidad en el temor de Dios" (2 Corintios 7:1). La confesión es nuestra parte en el proceso de purificación. La parte de Cristo es la cruz.

4. *Oración bíblica*: un tiempo de *apropiación.* La oración equilibrada necesita tiempo de lectura de la Palabra de Dios. Debiéramos leer la Palabra y orar conforme a la Palabra. Eso se pudiera calificar de "oración de la promesa". Es tomar la Palabra de Dios, que produce fe, y apropiarse de esa fe mediante la oración.

Por medio de Jeremías Dios dijo de su Palabra: "¿No es mi palabra como fuego, dice Jehová, y como martillo que quebranta la piedra?" (Jeremías 23:29).

5. *Vigilia*: un tiempo de *observación.* Aquí se dedica el tiempo a cultivar una agudeza silenciosa en cuanto a cuestiones que necesitan oración. Pronto estaremos intercediendo por otros y suplicándole a Dios por nosotros mismos. El velar nos ayuda a prepararnos para esas cuestiones. Pablo enseñó a los creyentes a perseverar "en la oración, *velando en ella* con acción de gracias" (Colosenses 4:2, cursivas añadidas).

6. *Intercesión*: un tiempo de *intervención.* Ningún tiempo devocional pudiera completarse jamás sin por lo menos dedicarle una parte de él a ministrar en oración en favor de los demás. La intercesión es esencialmente lucha compasiva. Es intervenir en la batalla de otra persona. Obsérvese el llamado de Pablo a ser guerreros compasivos: "Que me ayudéis orando por mí a

Dios, para que sea librado de los rebeldes que están en Judea" (Romanos 15:30-31).

7. *Petición*: un tiempo de *expectativa.* La petición se concentra en nuestras necesidades personales. Se pudiera describir como la expresión de nuestros deseos al Señor. Más de cincuenta pasajes de los Salmos, por ejemplo, incluyen expresiones como *límpiame, ayúdame,* o *fortaléceme*. Jesús recalcó la petición cuando les dijo a sus discípulos: "Todo lo que pidiereis orando, creed que lo recibiréis, y os vendrá" (Marcos 11:24).

8. *Acción de gracias*: un tiempo de *gratitud.* Otro aspecto importante de la oración ordenada es la acción de gracias. El salmista dijo: "Entrad por sus puertas con acción de gracias" (Salmo 100:4). También Pablo mostró que ese es un aspecto importante de la oración cuando escribió: "Perseverad en la oración, velando en ella *con acción de gracias*" (Colosenses 4:2, cursivas añadidas).

9. *Canto*: un tiempo de *edificación*. El canto no tiene que estar limitado exclusivamente a la adoración colectiva. Este aspecto de la adoración no sólo exalta al Señor sino que edifica al creyente. El salmista cantó: "Mis labios se alegrarán cuando cante a ti" (Salmo 71:23). Cuando Pablo les dijo a los creyentes que fueran llenos del Espíritu, que trae edificación, añadió: "Hablando entre vosotros con salmos, con himnos y cánticos espirituales, cantando y alabando al Señor en vuestros corazones" (Efesios 5:19). En varios pasajes bíblicos vemos el ministerio de la música

vinculado con la lucha espiritual eficaz (2 Crónicas 20:20-22; Hechos 16:25-26).

10. *Meditación*: un tiempo de *análisis*. Otro aspecto importante de la oración es la meditación. Esto incluye un análisis espiritual de la naturaleza y del carácter de Dios como se revela en su Palabra así como en la creación. El salmista dijo: "Meditaba en todas tus obras" (Salmo 143:5). La meditación es específicamente escudriñar la naturaleza de Dios, sus caminos y sus obras con cuidadosa intensidad. Cuando uno se concentra en la Palabra de Dios, analiza cuidadosamente un pasaje, descubriendo toda verdad secreta. También el salmista dijo: "[La persona piadosa] en su ley medita de día y de noche" (Salmo 1:2).

11. *Atención*: un tiempo de *revelación*. También el escuchar con atención es un tipo de oración necesaria para una equilibrada estrategia de lucha. Es una receptividad sosegada que permite que Dios nos revele lo que pudiera llamarse discernimiento de revelación respecto a las actividades de cada día en particular. Pablo se refirió a esa receptividad cuando oró por los creyentes de Éfeso para que Dios les diera "espíritu de sabiduría y de revelación" (Efesios 1:17).

El escuchar, por supuesto, no es más que uno de los varios aspectos de la oración silenciosa en nuestra lista. Como esos aspectos parecen similares, es importante comprender cuánto se diferencian. Esperar, que es nuestro primer aspecto silencioso de la oración, es *amar* a Dios. La meditación, también un aspecto de la oración silenciosa, es *estudiar* a Dios. Escuchar, por otra parte, es *oír* a Dios. Así que esos tres aspectos, aunque silenciosos en esencia, tienen funciones extraordinariamente distintas.

12. *Alabanza*: un tiempo de *regocijo*. Volvemos al lugar donde comenzamos en la oración: ¡alabanza! Lo hacemos porque Cristo nos enseñó a comenzar y a terminar nuestra oración con alabanza (véase Mateo 6:9,13). Pero mientras que comenzamos con un tiempo de *exaltación* en alabanza, ahora terminamos con un tiempo de *regocijo* en alabanza. Los intercesores de experiencia reconocen la importancia de cultivar un espíritu de regocijo en la oración. ¡Regocíjese! ¡Sienta júbilo! Y recuerde que a los verdaderos adoradores nunca les faltan razones para la alabanza. El salmista dijo: ". . . yo esperaré siempre y te alabaré más y más" (Salmo 71:14).

Mientras usted pone en práctica los pasos anteriores, o cualquier otra forma de intercesión, prudentemente evite la oración ritualista y muerta, que es oración sin el Espíritu Santo. La agudeza espiritual le ayudará a permanecer sensible a las insinuaciones del Espíritu Santo.

Si pone en práctica los doce pasos anteriores, recuerde que varios pudieran ocurrir simultáneamente. Por ejemplo, pudiera cantar la Palabra en la oración, lo cual combina la oración y los cantos bíblicos. Si primero medita en el pasaje que ha de cantar, está añadiendo meditación a esa oración. Y si todo eso se concentra en una nación, como el cantar una canción de las Escrituras por una nación, reclamando que la gloria de Dios toque ese país, se ha añadido otro aspecto de la oración, la intercesión.

En realidad, es posible usar un plan y mantenerlo vigoroso.

## Un llamado a la intercesión "vigorizada"

La estrategia de lucha de Pablo prosigue con su exhortación a orar con "súplica en el Espíritu". La súplica representa una forma vehemente de intercesión. *Deesis*, la palabra griega para *súplica* (Efesios 6:18), se refiere a una intercesión constante, firme e incesante.

Santiago describió ese nivel de la oración cuando escribió: "La oración eficaz del justo puede mucho" (Santiago 5:16). La palabra griega traducida "eficaz" en este pasaje es *energeo*, de la cual se deriva nuestra palabra *energía*, sinónimo de *vigor*. Santiago estaba hablando de oración vigorizada por el Espíritu Santo. Tal vez por eso Pablo no se refirió sencillamente a la súplica en su estrategia efesia sino a súplica "en el Espíritu". Es la ferviente intercesión que adquiere un carácter "sobrenatural" gracias al Espíritu Santo.

También observamos ese nivel de intensidad vinculado con nuestro Señor. El autor de Hebreos nos dice que Cristo ofreció "ruegos y súplicas con gran clamor y lágrimas" (Hebreos 5:7). Aquí notamos que la palabra *súplicas* está en plural. La intensidad de la oración de Cristo no fue un momento de demostración emotiva en Getsemaní la noche antes del Calvario. Sus intercesiones estuvieron constantemente llenas del vigor y de la fuerza del Espíritu Santo.

## Un llamado a la intercesión "sensible"

Después de la exhortación a los creyentes a que oren con "súplica en el Espíritu", Pablo añadió el mandato de hacerlo "velando". Como se expresó antes, velar en la intercesión es cultivar una agudeza sensible a las insinuaciones del Espíritu Santo. El intercesor tiene que saber por qué orar. Pablo les dijo a los creyentes de Roma: "Pues qué hemos de pedir como conviene, no lo sabemos, pero el Espíritu intercede por nosotros . . ." (Romanos 8:26).

Al principio del versículo Pablo dijo: "Y de igual manera el Espíritu nos ayuda en nuestra debilidad." La palabra griega traducida *ayuda* es una de las palabras griegas más largas del Nuevo Testamento: *sunantilambanomai*. La palabra significa "ayuda conjunta". Describe el vigor y el apoyo provistos por dos personas que trabajan unidas. Otra definición es "la misma carga llevada por dos personas". Eso sugiere que el Espíritu Santo no hace todo el trabajo por nosotros en la oración ¡sino que trabaja con nosotros! Es un esfuerzo conjunto. Cuando dependamos del Espíritu de Dios en oración, Él nos mostrará cómo y qué pedir en oración.

## Un llamado a la intercesión persistente

Después Pablo les ordenó a los guerreros que oraran con "toda perseverancia". Esa expresión de dos palabras, del griego *proskartero*, significa "aferrarse firmemente a" o "ir sin cesar en pos del objeto buscado". También significa "empeñarse siempre en la meta que hay delante de uno".

La unión de esos significados sugiere un espíritu de intercesión que nunca olvida su verdadero propósito. No estamos orando para parecer más espirituales. Ni estamos orando para obtener bendiciones. Nuestra meta es mucho mayor. *Estamos extendiéndonos en la oración con el propósito supremo de ver el reino de Cristo finalmente establecido en toda la tierra*. Y con ese fin, debemos persistir. Hay que tomar en serio todas las promesas de Dios. Como Daniel, que persistió durante muchos días porque se empeñó en su meta (Daniel 10:2,12-13), los intercesores deben cultivar la virtud de la firme persistencia.

Noé es un ejemplo perfecto. En el relato del diluvio (véase Génesis 5-6) notamos que pasaron cien años desde la época en que Dios le advirtió a Noé de un diluvio hasta que cayeron las primeras lluvias que lo causaron. ¡Imagínese la posible desconfianza de sí mismo unida a la casi segura burla y crítica de los demás! Sin embargo, Noé persistió en construir algo que nadie había visto jamás, un arca, a fin de prepararse para algo que nadie había experimentado nunca antes, un diluvio. Y le llevó todo un siglo. No es de extrañarse que la Biblia diga: "Noé halló gracia ante los ojos de Jehová" (Génesis 6:8).

### Un llamado a la intercesión "enfocada"

La estrategia de lucha de Pablo concluye con una doble súplica por la oración enfocada. Él suplica: "Orando en todo tiempo con toda oración . . .

por todos los santos; y por mí." Pablo estaba proponiendo tanto un enfoque *general* ("por todos los santos") como un enfoque *específico* ("por mí").

Un enfoque general para la oración pudiera incluir la oración por categorías generales de necesidades respecto a la obra de Dios y a quienes la sostienen. Orar por varios países cada día, por ejemplo, pidiéndole a Dios que fortalezca y bendiga la obra cristiana y a los obreros en esos países, es un enfoque general. El incentivo para esta clase de oración puede venir de diversas fuentes, incluso los periódicos, los noticieros de televisión, los boletines de la iglesia o revistas misioneras regulares. Por supuesto, cuanto más detalles incluya esa información, tanto más se mueve uno hacia un enfoque más específico, lo cual Pablo recalcó con su súplica de que se orara por él "a fin de que al abrir [su] boca [le fuera] dada palabra para dar a conocer con denuedo el misterio del evangelio . . ." (Efesios 6:19).

Es significativo que, cuando pidió oración por sí mismo, Pablo no pidió bendiciones materiales, tales como recursos económicos o salud, sino las palabras apropiadas y el denuedo para proclamar el evangelio. Una vez más vemos la prioridad primordial de la oración: ¡glorificar a Cristo en todo el mundo y así "llevar muchos hijos a la gloria"! (Hebreos 2:10). En realidad, la oración que casi no menciona las misiones es una oración que le falta el sentir mismo de Dios. Después de todo, "de tal manera amó Dios al mundo, que ha dado . . ."

# 5

# INTERCESIÓN CON AUTORIDAD

## *Claves para derribar fortalezas*

Al ayuno pudiera llamársele ¡la oración que no es una diversión!

Al describir una batalla especialmente intensa con este aspecto de la oración, Martín Lutero dijo: "Mi carne se acostumbró a quejarse de una manera espantosa."

Por supuesto, es difícil la persistencia en la oración a cualquier nivel. Es porque, como una vez escribió un niño, "Satanás tiembla cuando ve arrodillado al más débil de los santos".

Pero de todos los niveles de intercesión éste parece que es el que más aterra a nuestro enemigo. Satura nuestras peticiones con una autoridad que no tendría de ninguna otra manera.

Combinar el ayuno con la intercesión es añadir un poder especial a nuestra oración. Es oración con autoridad que nos permite derribar las fortalezas enemigas.

Se define la *autoridad* como poder para influir o persuadir a causa del conocimiento o de la experiencia. Es también el poder legítimo para mandar o actuar en situaciones específicas.

¿Cómo se relaciona el ayuno con la intercesión? La intercesión es la negación de sí mismo en la oración de modo que nuestra oración se concentre en los demás; y el ayuno es una forma física de humildad y negación de sí mismo para la cual la Biblia señala un poder especial. El ayuno junto con la oración intercesora es oración con autoridad a su más alto nivel.

Ayunar, por supuesto, es la práctica de abstenerse deliberada y voluntariamente del alimento acostumbrado, que, cuando se realiza en el contexto de la oración, le da poder sobrenatural a nuestra oración. Ayunar es prescindir de algo necesario, o practicar la negación de sí mismo. Puede ampliarse su sentido para incluir la abstinencia temporal de cualquier cosa a fin de dar atención más concentrada a los asuntos espirituales. Las Escrituras revelan cinco aspectos característicos de esa categoría difícil de entender de "oración con autoridad".

## Quebrantamiento en la intercesión

En primer lugar, *el ayuno es una humillación voluntaria del corazón delante de Dios que aumenta el quebrantamiento espiritual.*

El salmista dijo: "Lloré afligiendo con ayuno mi alma, y esto me ha sido por afrenta" (Salmo 69:10).

La humildad es el meollo del ayuno. La humildad es una virtud que se expresa en cómo uno actúa con relación a Dios y a los demás. Es rebajar el concepto de sí mismo al elevar el concepto de los demás.

Y como el ayuno lleva esa virtud de la humildad al reino físico y tangible, origina un quebrantamiento delante de Dios que no puede producirse de otra manera. Tal quebrantamiento no sólo honra a Dios sino que hace más dócil el corazón del intercesor para que pueda oírlo. De ese modo el intercesor es más eficiente al llevar a la práctica los planes del reino de Dios.

## Dominio en la intercesión

En segundo lugar, *el ayuno es una consagración al dominio propio que capacita a un creyente para que muera a sí mismo.*

Pablo se refirió a la *templanza* (o el dominio propio) como un fruto del Espíritu (Gálatas 5:23). La templanza es la virtud de la moderación en el apetito y las pasiones. Es dominar la carne de uno al no permitir que nada aumente hasta el punto del exceso. En este caso es darle muerte a lo que es impuro o excesivo.

Obsérvese cómo el ayuno amplía esa acción. El salmista dijo: "Pero yo, cuando [mis enemigos] enfermaron, me vestí de cilicio; afligí con ayuno mi alma, y mi oración se volvía a mi seno" (Salmo 35:13).

*Afligir* es un verbo fuerte en el texto que igualmente pudiera traducirse *atormentar.* Sin duda, cualquiera que haya ayunado por cualquier espacio de tiempo puede fácilmente identificarse con el empleo de esa expresión para describir el ayuno.

La segunda parte de ese versículo pudiera parafrasearse así: "Me di muerte." El ayuno en realidad ayuda a que muera el yo, y la muerte del yo es la clave para la vitalidad y productividad espiritual.

En una época en que muchos creyentes (incluso líderes espirituales destacados) están sucumbiendo a las obras de la carne, sin duda se requiere un renovado llamado al ayuno y a la oración.

¿Acaso sea el ayuno la clave para enfrentarse a los crecientes ataques de Satanás contra el bienestar moral de incluso nuestros líderes espirituales?

Sin duda Pablo comprendía su necesidad de mantener su cuerpo en sujeción. Por eso les escribió a los corintios: "Golpeo mi cuerpo, y lo pongo en servidumbre, no sea que habiendo sido heraldo para otros, yo mismo venga a ser eliminado" (1 Corintios 9:27). Pablo no estaba hablando de participar en alguna forma de penitencia por sus fracasos sino de mantener el dominio de sí mismo al enfrentarse a los deseos de la carne. Y sin duda ese gran apóstol sabía que el ayuno y la oración estaban en primer lugar en la lista del mantenimiento de esa autoridad.

## Receptividad en la intercesión

En tercer lugar, *el ayuno es una actividad de adoración que aumenta la receptividad espiri-*

*tual al crear un ambiente para que hable el Espíritu Santo.*

A menudo el ayuno intensifica la sensibilidad de los que toman decisiones individuales o colectivas.

El autor de Hechos describió tal circunstancia en cuanto al envío de obreros: "Ministrando éstos al Señor, y ayunando, *dijo el Espíritu Santo*: Apartadme a Bernabé y a Saulo para la obra a que los he llamado. Entonces, habiendo ayunado y orado, les impusieron las manos y los despidieron" (Hechos 13:2-3, cursivas añadidas).

Aquí vemos la combinación de un espíritu de adoración con un espíritu de ayuno.

Los discípulos no sólo vieron el valor del ayuno cuando se enfrentaron a la cuestión de evangelizar a los perdidos, sino que como resultado de su ayuno pudieron recibir dirección específica del Espíritu Santo. En realidad, es posible que si no hubieran ayunado el Espíritu Santo no habría hablado.

También Esdras reconoció el poder del ayuno al buscar la dirección de Dios. Cuando el escriba proclamó un ayuno antes de sacar al pueblo de Dios del cautiverio babilónico (véase Esdras 8:21-23), mencionó tres enfoques específicos para el ayuno:

En primer lugar, Esdras llamó al pueblo a humillarse delante de Dios y a pedirle "camino derecho" para ellos. La dirección fue sin duda el primer enfoque para el ayuno de ellos.

En segundo lugar, mientras ayunaban le pidieron a Dios respecto al cuidado de sus "niños".

Por último, durante el ayuno el pueblo de Dios le pidió al Señor la protección de "todos [sus] bienes".

Al considerar los detalles de ese ayuno, de inmediato notamos la importancia del primer enfoque. Esdras sabía que era posible que los enemigos los atacarían a lo largo del camino. Ya le había dicho al rey que no necesitaban escolta militar. Pero de repente Esdras se enfrentó a la realidad de la situación. No era suficiente la oración común y corriente. Era esencial un tiempo de ayuno y oración. ¡El ayuno es clave para conocer el "camino derecho"!

### Poder en la intercesión

En cuarto lugar, *el ayuno es la preparación espiritual concentrada para el servicio facultado por el Espíritu Santo que aumenta el poder espiritual del creyente.*

Recuerde el bautismo de Jesús como lo describe Lucas: "Jesús, lleno del Espíritu Santo, volvió del Jordán y fue llevado por el Espíritu al desierto" (Lucas 4:1).

En ese pasaje observamos que Jesús fue "llevado" a ese tiempo de ayuno por el Espíritu Santo. El Espíritu de Dios debe ser siempre nuestra Guía cuando encontramos cualquier grado de lucha espiritual.

El ayuno de Jesús duró cuarenta días, durante los cuales Satanás lo confrontó reiteradamente. Pero Cristo volvió "en el poder del Espíritu" a Galilea. Obsérvese cuánto difiere esto de las anteriores palabras de Lucas de que Cristo estaba “lleno del Espíritu” antes de entrar en el desierto (véase Lucas 4:14).

Eso parece sugerir que, por cuanto Cristo estaba lleno del Espíritu antes del ayuno, después del ayuno salió en el poder del Espíritu de Dios, con el Espíritu desbordándose en Él. Jesús entró en el desierto con poder interior, pero salió con poder exterior.

Algo había ocurrido durante aquellos cuarenta días de ayuno que añadió poder espiritual. Y de manera significativa se puso en acción ese poder por primera vez durante el ayuno mismo para frustrar los intentos de Satanás por hacer caer en tentación a nuestro Señor. De modo que Jesucristo no sólo derrotó a Satanás con el poder de la Palabra — “Escrito está” — sino también con el poder de un ayuno que de seguro amplió el empleo de la Palabra.

En todo eso hallamos una vez más que Cristo es nuestro ejemplo supremo de un intercesor. Y aquí vemos que el ayuno tuvo que ver con su victoria. Así que quienes pidan ser como Cristo tarde o temprano seguirán su dirección hacia una vida salpicada de tiempos de oración y ayuno.

## El ministerio de intercesión

Por último, *el ayuno es un ministerio especializado que aumenta la eficiencia espiritual del creyente plenamente consagrado.*

Una de las más notables mujeres de la Biblia consideró el ayuno su llamamiento. La Biblia dice: “Estaba también allí Ana, profetisa, hija de

Fanuel . . . de edad muy avanzada, pues había vivido con su marido siete años desde su virginidad, y era viuda hacía ochenta y cuatro años; y no se apartaba del templo, sirviendo de noche y de día con ayunos y oraciones" (Lucas 2:36-37).

Ana tenía un ministerio que ningún otro personaje bíblico poseía: Servía día y noche a Dios mediante la oración y el ayuno.

Por supuesto, eso no quiere decir que Ana nunca comiera ni durmiera. Dios nunca llama a nadie a un nivel de ministerio que requiera tal intensidad de esfuerzo que termine destruyendo el templo mismo (nuestro cuerpo) que Él nos ha mandado que no destruyamos (véase 1 Corintios 3:16-17).

Sin embargo, resulta interesante observar que la Biblia se refiere en plural a los "ayunos" y "oraciones" de Ana. Eso sugiere que Ana experimentó ocasiones periódicas de ayuno y oración constantes. Obsérvese también la frase *de noche y de día.* Ana fue sensible a la dirección del Espíritu Santo, aun cuando eso significara largas horas de oración nocturna. El ayuno y la oración fue el ministerio especializado de Ana como creyente consagrada. Es un llamamiento a disposición de cualquier creyente que comience su ministerio de oración y ayuno con periódicas citas con el Señor, durante las cuales se niega a sí mismo por parte de un día (o incluso todo un día o dos) como el Señor lo guíe.

## El ayuno fructífero

Cualquiera que procure entrar en este emocionante ministerio de ayuno y oración haría bien en seguir varias sugerencias sencillas:

1. *Debemos ayunar con sensatez.*

El peligro de mencionar sólo aquellos personajes bíblicos o líderes cristianos históricos que participaron en largos tiempos de ayuno, como siete, veintiuno y cuarenta días, es que pudiéramos estar describiendo los ayunos prolongados como la norma. La verdad es que a menudo la Biblia se refiere a ayunos de veinticuatro horas o menos.

Obsérvese, por ejemplo, la guerra de Israel contra la rebelde tribu de Benjamín. Cuando los israelitas vieron las circunstancias y temieron lo peor, subieron "y vinieron a la casa de Dios; y lloraron, y se sentaron allí en presencia de Jehová, y ayunaron aquel día hasta la noche" (Jueces 20:26). David ayunó de igual manera (2 Samuel 3:35), como lo hizo Cornelio, el centurión, quien ayunó hasta "la hora novena", que era a media tarde (véase Hechos 10:30). En todos esos casos el ayuno fue de veinticuatro horas o menos.

Cuando se fundó la Iglesia Metodista, Juan Wesley consideraba tan importante el ayuno que exigía que todos los candidatos para la ordenación ayunaran hasta las tres de la tarde, los miércoles y los viernes. Wesley reconoció que el ayuno y la oración surtían efecto aun cuando se ayunara sólo durante parte del día.

De modo que no se necesita comenzar un ministerio personal de ayuno y oración estableciendo metas poco prácticas. Comience de una manera sencilla, tal vez con la abstinencia de una o dos comidas cada semana. Ayunar hasta las tres de la tarde significaría renunciar al desayuno y al almuerzo ese día. Pudiera no parecerles tanto a quienes hablan de ayunar tres semanas o cuarenta días, pero su estómago le hará saber dentro de un rato que incluso el pasar por alto una sola comida es una negación de sí mismo que mantiene el cuerpo en sujeción.

2. *Debemos ayunar secretamente.*

Cuando se refirió al tema del ayuno en su Sermón del monte, Jesús dijo: "Cuando ayunéis, no seáis austeros, como los hipócritas; porque ellos demudan sus rostros para mostrar a los hombres que ayunan; de cierto os digo que ya tienen su recompensa. Pero tú, cuando ayunes, unge tu cabeza y lava tu rostro, para no mostrar a los hombres que ayunas . . ." (Mateo 6:16-18).

Cristo no estaba indicando que nunca le digamos a nadie que vamos a ayunar. Los miembros de la familia necesitan saber por qué no vamos a comer, y también los amigos que se pregunten por qué de repente hemos interrumpido el compañerismo acostumbrado. Más bien Jesús estaba reprendiendo a las personas que trataban de parecer más "espirituales" que lo que en realidad eran al aparentar que ayunaban. El texto no dice que los hipócritas ayunaban sino que trataban de aparentar que estaban ayunando. Por lo tanto, ayunar secretamente tiene más que ver con la humildad que con el secreto.

3. *Debemos ayunar con sensibilidad.*

Cuando los israelitas ayunaron antes de su

batalla contra los hijos de Benjamín, observamos que "preguntaron a Jehová" durante su ayuno (véase Jueces 20:26-27). Uno de los resultados más importantes del ayuno es que aumenta nuestra sensibilidad hacia la dirección. Esa sensibilidad puede desarrollarse mucho más al dedicar bastante tiempo a la meditación en la Palabra de Dios durante un ayuno.

4. *Debemos ayunar sistemáticamente.*

Es fácil pasar por alto la frase con la que Jesús comenzó a enseñarles a sus discípulos sobre el ayuno: "Cuando ayunéis" (Mateo 6:16). Observe que Él no dijo: "Si ayunáis." Cristo estaba poniendo en claro que el ayuno debía ser parte de su progresivo desarrollo espiritual. Y para que eso suceda de modo significativo, debemos considerar un enfoque sistemático a los tiempos de ayuno.

Ayunar sistemáticamente es apartar tiempo de manera regular con el propósito de acercarse a Dios con ayuno y oración. Pudiera comprender un día a la semana, o un día al mes, o sólo parte del día. La clave es que se haga el ayuno de manera regular.

Durante varios años en nuestro ministerio, centenares de intercesores nos han ayudado a mantener un ayuno constante por el despertamiento espiritual y la evangelización mundial. Cada uno dedica un día a la semana o al mes para ayunar y orar por la iglesia y su misión de evangelizar a un mundo perdido. Ellos no oran todo ese día sino que ayunan y oran algún tiempo durante ese día.

Como esos intercesores ayudan a nuestro ministerio a abrirse paso a través de obstáculos difíciles, los llamamos "compañeros que abren brechas". Muchas iglesias están respondiendo a ese llamado y están exhortando a congregaciones enteras a participar en sus largos días de ayuno. Se puede lograr fácilmente si sólo un puñado de personas dedican un día específico, o parte de un día, de manera sistemática.

Siete personas, por ejemplo, cada una ayunando un día diferente de la semana, abarcarían la semana. Sólo treinta y una personas, cada una dedicando un día señalado al mes, también harían posible un ayuno constante. Lo único que requiere es coordinación y un poco de facultad creadora y disciplina espiritual. Fijar a la pared un gran calendario hecho a mano y cubierto de un material plástico, por ejemplo, en el que pudieran añadirse o quitarse nombres, ayuda a estimular a otros para que se alisten.

5. *Debemos ayunar como sacrificio.*

Andrew Murray dijo del ayuno: "El ayuno ayuda a expresar, a profundizar y a confirmar la resolución de que estamos dispuestos a sacrificar cualquier cosa, incluso a sacrificarnos a nosotros mismos, a fin de lograr lo que buscamos para el reino de Dios."

Para la persona que rara vez desayuna, casi no sería sacrificio el pasar por alto el desayuno por algún tiempo. Sacrificarse es negarse algo por el bien de otro. Los dolores del hambre que sentimos durante un ayuno nos ayuda a recordar que en efecto está teniendo lugar la negación de sí mismo. Es indudable que el ayuno da poder porque nos cuesta algo que podemos sentir.

6. *Debemos ayunar de manera específica.*

Cuando Dios reprendió a su pueblo por la hipocresía y futilidad de sus celebraciones religiosas, incluso de su ayuno, concluyó: "¿No es más bien el ayuno que yo escogí, desatar las ligaduras de impiedad, soltar las cargas de opresión, y dejar ir libres a los quebrantados, y que rompáis todo yugo?" (Isaías 58:6).

Dios debe escoger el enfoque de nuestro ayuno. Recordamos cómo ayunaron los discípulos de manera específica antes de enviar a Bernabé y a Saulo en su viaje misionero (Hechos 13:2-3). Fue un ayuno enfocado. También Esdras recibió una clara dirección cuando ayunó antes de sacar al pueblo del cautiverio para llevarlo de vuelta a Jerusalén (Esdras 8:21-23).

Cuando comience un ayuno, pídale al Señor que le dé una clara dirección en cuanto a sus propósitos para el ayuno.

7. *Debemos ayunar de modo sobrenatural.*

Una característica especial del ayuno es que requiere fe y confianza en Dios. La naturaleza misma del ayuno requiere dependencia del poder sobrenatural de Dios para ayudarnos a salir de un apuro.

Observe además el ayuno colectivo de los que participaron en la misión de la Iglesia primitiva. Las Escrituras dicen que mientras los creyentes adoraban y ayunaban, ¡"dijo el Espíritu Santo"! (Hechos 13:2). Su ayuno de sacrificio resultó en una visitación sobrenatural del Espíritu Santo, durante la cual se les dieron direcciones específicas.

**El regalo de los miércoles**

¿Ha considerado alguna vez el darle a un ser querido el regalo del ayuno?

Poco antes de Navidad hace siete años, le pedí a Dios que me mostrara lo que yo podía darles a nuestras dos hijas, Dena y Ginger, como regalo navideño. "Un regalo, Señor, que influya en ellas por el resto de su vida."

¡Qué oración tan extraña! Fue casi como si no hubiera salido de mí sino de Dios mismo. ¿Qué podía yo darles a dos adolescentes que influyera en ellas todos los días de su vida?

Entonces oí una pregunta concreta susurrada en mi corazón: *¿Estás dispuesto a darles a tus hijas un año de miércoles*?

Yo estaba confundido. ¿Quería Dios que cancelara mi programa para cada miércoles durante el año venidero de modo que pudiera pasar más tiempo con mis hijas? Yo sabía que la idea no era práctica. Muchos miércoles estaría fuera de la ciudad en las actividades de mi ministerio. Otros miércoles ellas estarían en actividades escolares.

Entonces me pareció oír una pregunta más esclarecedora. *¿Pudieras reservar cada miércoles como un tiempo de ayuno por tus dos hijas*?

Quedé aturdido.

"¡Oh Señor, nunca pudiera hacer eso!"

*¿Por qué?*, fue la respuesta apacible.

"En primer lugar — respondió mi corazón —, se me olvidaría."

*No se te olvidará si marcas cada miércoles en tu calendario como día de ayuno* — indicó el Señor —. *Pudieras orar durante el día a la hora que acostumbras a comer algo.*

"Pero hay otra razón para que yo no pueda ayunar así — añadí a la ligera —. ¡En realidad, no quiero, Señor!"

Y me reí entre dientes.

Pero sabía que Dios me había hablado. Él me estaba diciendo: *Ven. Déjame enseñarte una manera de orar que no conoces.*

De modo que le respondí positivamente a Cristo aquel día hace siete años. A medida que pasaron las semanas se formó un nuevo hábito, uno que permanece hasta el día de hoy. Estoy convencido de que nuestras hijas han tenido un vallado espiritual alrededor de ellas cuando se han enfrentado a los problemas personales de la juventud.

Y estoy convencido de que la mayor ayuda en la construcción de ese vallado fue la indicación del Señor de que yo les diera a nuestras hijas el regalo de los miércoles.

## Una compañía de donantes

Los que ayunan siguen los pasos de una gloriosa compañía . . . Moisés, el legislador; David, el rey; Esdras, el maestro; Elías, el profeta; Daniel, el primer ministro; Nehemías, el estadista.

Los creyentes que ayunan acompañan a Lutero, a Calvino, a Knox y a Juan Wesley; caminan con Jonathan Edwards, David Brainerd, Carlos Finney y Hudson Taylor.

Pero sobre todo siguen los pasos de Jesús, quien se negó a sí mismo mediante el ayuno, y quien sigue entregándose como nuestro Intercesor supremo a la diestra de Dios.

# 6

# ORACIÓN POR LOS PERDIDOS

## *Lunes: Seis preguntas de la intercesión*

Al evaluar una estrategia equilibrada de la intercesión, surgen siete categorías diferentes. Aunque son apropiadas para cualquier día, pudieran asignarse convenientemente a los siete días de la semana para un plan práctico de intercesión.

La primera categoría, nuestro enfoque del lunes, son las almas perdidas. La evangelización mundial y la Gran Comisión representa un tema bíblico no limitado al Nuevo Testamento. Cuando el pueblo de Israel llevó el arca de Dios y la puso en medio del tabernáculo, por ejemplo, David pronunció un hermoso salmo que incluía la exhortación: “Cantad a Jehová toda la tierra, proclamad de día en día su salvación. Cantad entre las gentes su gloria, y en todos los pueblos sus maravillas" (1 Crónicas 16:23-24).

Antes de su ascensión al cielo, Cristo les dio esta orden a sus discípulos: "Por tanto, id, y haced discípulos a todas las naciones, bautizándolos en el nombre del Padre, y del Hijo, y del Espíritu Santo, enseñándoles que guarden todas las cosas que os he mandado . . ." (Mateo 28:19-20).

Es lamentable que, mientras hoy meditamos en esos pasajes, casi la mitad de la población mundial espera el mensaje del amor de Cristo. Se necesita un ejército de intercesores consagrados que intercedan por los perdidos para que éstos tengan acceso al evangelio de Jesucristo.

## El ejemplo de Jesucristo

A fin de enfocar de modo inteligente esta cuestión, tenemos que hacer primero una pregunta: ¿Se nos da de veras autoridad para orar por los perdidos? Considérese la oración de Cristo como sumo sacerdote:

> Mas no ruego solamente por éstos, sino también por los que han de creer en mí por la palabra de ellos, para que todos sean uno; como tú, oh Padre, en mí, y yo en ti, que también ellos sean uno en nosotros; para que el mundo crea que tú me enviaste.
>
> Juan 17:20,21

Isaías describió ese cuadro del Mesías venidero: "Y fue contado con los pecadores, habiendo él llevado el pecado de muchos, y orado por los transgresores" (Isaías 53:12). *La Biblia al Día* dice: "Fue tenido por pecador, y llevó los pecados de muchos, e intercedió ante Dios por los pecadores."

Interceder por los pecadores es orar por los perdidos.

Obsérvese también la exhortación de Pablo: "Exhorto ante todo a que se hagan rogativas, oraciones, peticiones y acciones de gracias, por todos los hombres . . ." (1 Timoteo 2:1-2). El llamado a la intercesión en favor de "todos los hombres" sin duda incluye a los perdidos. El pasaje sigue diciendo que Dios "quiere que todos los hombres sean salvos y vengan al conocimiento de la verdad" (v. 4).

De modo que tenemos segura autoridad bíblica para orar por los perdidos. ¿Cómo procederemos?

Poco después de mi primer viaje a China continental, comencé a orar diariamente para que los chinos oyeran de Jesucristo. Pero me enfrenté al problema de cómo orar por personas que yo no conocía y que vivían en ciudades cuyos nombres ni siquiera podía pronunciar.

Al pedir sabiduría (Santiago 1:5), de inmediato recordé un pasaje en Romanos que revela cómo el hombre no regenerado por naturaleza cumple algo de la ley aun cuando jamás la haya oído (Romanos 2:14). Del juicio de Dios Pablo dijo: "Porque todos los que sin ley han pecado, sin ley también perecerán; y todos los que bajo la ley han pecado, por la ley serán juzgados; porque no son los oidores de la ley los justos ante

Dios, sino los hacedores de la ley serán justificados. Porque cuando los gentiles que no tienen ley, hacen por naturaleza lo que es de la ley, éstos, aunque no tengan ley, son ley para sí mismos, mostrando la obra de la ley escrita en sus corazones, dando testimonio su conciencia, y acusándoles o defendiéndoles sus razonamientos" (Romanos 2:12-15).

De modo que había puntos de contacto con esos pueblos desconocidos, lugares donde la ley ya estaba escrita en el corazón de ellos. Pensando en esas palabras, le pedí al Señor que me diera un plan de oración que hiciera contacto con ese lugar en el corazón de ellos.

De repente recordé las seis preguntas que aprendí en una clase de segunda enseñanza: *Quién, cuál, cuándo, por qué, cómo* y *adónde.* Yo sabía que Dios me había dado esas preguntas para ayudarme a orar.

### ¿En *quién* puedo confiar?

En primer lugar, yo pudiera interceder por las almas perdidas al pedirle a Dios que sean confrontadas con preguntas respecto a la confianza. Pudiera pedir que Dios ponga en el corazón de los perdidos escepticismo sobre las mentiras que ellos oyen, ya sean filosóficas, sociales o políticas.

Esto es pertinente sobre todo cuando se ora por las personas que viven en países oprimidos del mundo como las naciones comunistas o musulmanas. Podemos pedirle a Dios que los líderes políticos hagan algo que provoque la desconfianza en ellas. Una vez que las personas comienzan a sospechar, se preguntarán en quién pueden confiar en realidad. Pronto descubrirán que no es posible confiar en nadie que no sea absolutamente perfecto. Finalmente esa búsqueda dirigirá sus pensamientos hacia Dios.

### *¿Cuál* es mi razón de ser?

Pudiera también interceder por las personas no evangelizadas al pedir que comiencen a preguntarse: "¿Cuál es el propósito de mi vida?" Pídale a Dios que ponga en el corazón de ellas un sentido de urgencia respecto a esa pregunta. Eso motivará una reevaluación de su razón de ser y las guiará a considerar un propósito no hallado a nivel humano. Eso también dirigirá la atención de ellas hacia el cielo.

### *¿Cuándo* seré realmente libre?

Cuando se intercede por personas que viven en lugares donde hay relativamente poca libertad, podemos pedirle a Dios que use esa necesidad para atraerlas a Él.

Cuando se ora por las almas perdidas en las naciones musulmanas pudiéramos cambiar ligeramente esa pregunta: "¿Soy verdaderamente libre?" Los musulmanes tienen una profunda fe, pero tenemos que reconocer que no están libres del pecado. Pida que sientan un vacío que sólo puedan satisfacer al recibir a Cristo en su vida.

Cuando se intercede por los perdidos en las naciones libres, se pudiera pedir que la persona pregunte: "¿Cuándo seré libre de este vacío en mi corazón?"

### ¿*Por qué* las personas rechazan a Dios?

La cuarta pregunta intercesora tiene que ver con la realidad de Dios. Esta pregunta de la oración tiene que ver sobre todo con los que viven en países ateos. Pídale a Dios que haga que las almas perdidas se pregunten por qué sus líderes rechazan con tanta vehemencia la existencia de Dios. Formulada con bastante frecuencia, esa pregunta lleva a las personas a una profunda búsqueda sincera. No sólo se preguntarán si hay un Dios; pronto estarán buscándolo activamente.

Unos dos años después de emplear esas preguntas en la oración, leí acerca de un piloto de guerra soviético que desertó volando hasta Japón en su avión MIG. Quedé sorprendido al leer que casi todas esas preguntas de nuestra lista fueron preguntas que el piloto se había hecho durante meses antes que decidiera desertar. La última pregunta tenía que ver con la existencia de Dios. Durante semanas se había estado preguntando: "¿Por qué, si nuestros líderes gubernamentales están tan convencidos de que no hay Dios, tienen que luchar tanto contra el concepto de su existencia?" Su razonamiento lo llevó a la conclusión de que debía de haber un Dios, y poco después desertó.

### ¿*Cómo* puedo salir adelante con mis problemas?

Esta pregunta de la intercesión es pertinente para todas las almas perdidas por las que oramos. Pudiéramos pedirle a Dios que ponga una sensación de desesperanza en el corazón de ellas.

Cada persona se enfrenta a algún problema más allá de sus capacidades. Nuestras oraciones de intercesión harían que esas personas se den cuenta de su necesidad de salvación y preparen así el corazón para el día en que se les presente el evangelio.

Comprendemos, por supuesto, que el formular esas preguntas en forma de oración no hace que una persona acepte la salvación, sino más bien le prepara el corazón para el evangelio. En realidad, la intercesión es fundamental para la preparación de todos los corazones que finalmente reciben salvación. Raro es el creyente que no conozca a la persona o a las personas que oraron por la salvación de él.

### ¿A *dónde* iré cuando muera?

Por último, pudiéramos pedirle a Dios que haga que los incrédulos pregunten: "¿A dónde iré cuando muera?"

Se comprende la realidad de la muerte en toda cultura. Todo el mundo desea saber sobre la muerte en algún momento de la vida. En las regiones más pobres del mundo siempre está cercana la realidad de la muerte. Debemos pedir que Dios convierta esas preguntas en una búsqueda de una respuesta eterna, que Él ponga en los corazones el anhelo de solucionar el asunto. Imagínese la reacción de alguien por quien estamos orando si una noche pregunta: "¿A dónde iré cuando muera?" ¡Y al día siguiente recibe un folleto evangélico sobre la vida eterna!

## ¡Haga algo!

Cuanto más estudiamos la intercesión, tanto más nos percatamos del amplio campo de esa actividad espiritual. Cualquiera de las pautas presentadas en estas páginas pudiera absorber toda una hora de oración intercesora. Los intercesores veteranos saben que cuanto más nos conmueve una carga, tanto más tiempo requiere. Resulta fácil de comprender cómo Ana llegó a ser intercesora constante (véase Lucas 2:36). Ana pudo ayunar y orar día y noche porque estaba conmovida con las grandes preocupaciones de quienes la rodeaban.

Aplicado a nuestra oración, debemos conmovernos con la suprema carga del corazón de Dios, que es la total evangelización del mundo y la resultante consumación de la Esposa de Cristo. ¡Cuando eso ocurra llegará su reino! (Véanse Mateo 24:14; Apocalipsis 11:15.)

# 7

# ORACIÓN POR LAS AUTORIDADES

## *Martes: Invadiendo las esferas de influencia*

Pablo exhortó a Timoteo a que orara por "todos los que están en eminencia, para que vivamos quieta y reposadamente en toda piedad y honestidad" (1 Timoteo 2:2).

La intercesión por nuestros líderes, indica Pablo, dará por resultado que seamos capaces de seguir los mandamientos de Cristo para que en todas partes la gente conozca su amor. Esta conclusión se confirma en la afirmación de Pablo de que Dios "quiere que todos los hombres sean salvos" (1 Timoteo 2:4).

### Un enfoque primordial

En la Biblia se expresa con toda claridad que la salud espiritual de una nación tiene que ver con la salud espiritual de sus líderes. En Proverbios dice: "Por el hombre entendido y sabio [la tierra] permanece estable" (Proverbios 28:2).

Cuando tomó las riendas del liderazgo de David, Salomón dijo: "Tú sabes que mi padre David no pudo edificar casa al nombre de Jehová su Dios por las guerras que le rodearon, hasta que Jehová puso sus enemigos bajo las plantas de sus pies. Ahora Jehová mi Dios me ha dado paz por todas partes; pues no hay adversarios, ni mal que temer" (1 Reyes 5:2-4).

Es casi imposible cumplir el plan *supremo* de Dios para una nación si está de continuo enredada en conflictos. Por eso oramos por la paz. Hablando en términos generales, un ambiente de paz es el mejor clima para la evangelización. Y como es en las naciones oprimidas donde más se estorba la difusión del evangelio debido a leyes restrictivas decretadas por sus dirigentes, debemos hacer de esos líderes un enfoque primordial para nuestras oraciones.

## Orando con el "Plan Miqueas"

En Miqueas 6:8 encontramos el fundamento para lo que llamo el Plan Miqueas que nos ayuda a orar por los líderes mundiales. Aquí Miqueas describe el estilo de vida y la conducta de un líder: "Oh hombre, él te ha declarado lo que es bueno, y ¿qué pide Jehová de ti: solamente hacer justicia, y amar misericordia, y humillarte ante tu Dios?" (Miqueas 6:8). De esas palabras surgen tres puntos centrales sencillos que nos ayudan a orar por los líderes.

En primer lugar, debemos pedir que un determinado líder "haga justicia". Eso quiere decir orar para que gobierne *con la verdad*, con *un espíritu de sinceridad.*

Cuando la Biblia habla de hacer justicia se refiere al cumplimiento de las funciones de uno basándose en lo que es justo y correcto. El vocablo *justo* significa ético, imparcial y razonable. De modo que podemos pedirle a Dios que un líder se incline hacia lo que sea igual a esas virtudes esenciales.

En segundo lugar, pudiéramos pedir que un líder "ame misericordia". Eso quiere decir que Él gobierne *compasivamente*, con *un espíritu de generosidad.* "Amar misericordia" es conducirse humanamente. Pídale a Dios que los líderes sean inundados de un espíritu altruista mezclado con mucha benevolencia hacia sus súbditos.

En tercer lugar, pudiéramos pedir que el líder "se humille ante Dios". Eso quiere decir que gobierne *humildemente*, con *un espíritu de sensibilidad.* Esas virtudes están en conflicto directo con las raíces del pecado original: un espíritu de orgullo. Como afirma la Biblia: "Antes del quebrantamiento es la soberbia, y antes de la caída la altivez de espíritu" (Proverbios 16:18). Fue la altivez de espíritu la que hizo que Lucifer cayera. Y es la altivez de espíritu la que hace que caigan los líderes. Por lo tanto, nuestras oraciones por los líderes deben incluir la lucha contra toda forma de orgullo y arrogancia que disminuya la eficiencia de esos líderes.

## Lucha concentrada

Como el Plan Miqueas muestra varios enfoques de oración *generalizados*, es importante que expongamos diversos enfoques de oración especializados por los intercesores que desean conducir una lucha más concentrada por los que están en eminencia.

En primer lugar, podemos pedirle a Dios que los *líderes injustos* cometan errores que contribuyan al progreso del evangelio de Jesucristo. El salmista oró acerca de los calumniadores: "Sean vestidos de ignominia los que me calumnian. Sean cubiertos de confusión como con manto" (Salmo 109:29).

A menudo los misioneros han contado que se han abierto las puertas para las actividades evangelísticas sencillamente debido a los errores cometidos por los líderes políticos. En una nación comunista, por ejemplo, el gobierno procuraba aminorar el impacto político de la Iglesia Católica. Por esa época *Cada hogar para Cristo*, organización de la que soy presidente, estaba procurando el permiso para llevar Biblias de casa en casa por toda esa nación. El gobierno accedió al pensar que el permitirle tal libertad a un grupo protestante debilitaría a los católicos. En realidad, éstos se pusieron contentísimos de que millares de personas de su país recibieran Biblias.

En segundo lugar, podemos pedirle a Dios que los *líderes despóticos* caigan del poder al recibir consejos desacertados.

Cuando David clamó acerca de quienes estaban persiguiéndolo, dijo: "Castígalos, oh Dios; caigan por sus mismos consejos" (Salmo 5:10). *La Biblia al Día* dice: "¡Oh Dios, llámalos a cuentas! Hazlos caer en sus propias trampas, hazlos derrumbarse bajo el peso de sus propias transgresiones, porque se han rebelado contra ti."

¿Es la voluntad de Dios que caigan del poder los líderes malvados? Lo que leemos en la Palabra de Dios es su voluntad. Si estamos convencidos, según su Palabra, de que una promesa determinada corresponde a una situación, debemos reclamar esa promesa con plena autoridad en esa situación. De modo que si vemos a un líder despótico que neciamente aparta a una nación de Dios, asesinando multitudes de su propio pueblo en el proceso, tenemos todo el derecho a orar como David: "¡Hazlos caer en sus propias trampas!" Debiéramos pedir que se vuelvan contra ellos las trampas que esos líderes despóticos les tienden a los demás.

En tercer lugar, podemos pedirle a Dios que todos los *líderes piadosos* descubran la sabiduría espiritual para gobernar a sus naciones.

No son impíos todos los líderes. Algunos están buscando sinceramente la verdad: "Por la rebelión de la tierra sus príncipes son muchos; mas por el hombre entendido y sabio permanece estable" (Proverbios 28:2).

Muchos líderes mundiales pudieran tener la semilla de la verdad sembrada en el corazón. Por lo general eso se manifestará de una manera sencilla, avisándoles a los intercesores sensibles que oren. Cuando tal evidencia aparece, debiéramos pedir que esas semillas crezcan hasta producir sabiduría espiritual que ayude a esos líderes a gobernar rectamente.

En cuarto lugar, podemos pedirle a Dios que *todos los líderes* reciban un mensaje personal del amor de Dios.

Después que Isaías se refirió a los "pies hermosos" que traen alegres nuevas (Isaías 52:7), dijo del Mesías: "Así asombrará él a muchas naciones; los reyes cerrarán ante él la boca, porque verán lo que nunca les fue contado, y entenderán lo que jamás habían oído" (Isaías 52:15).

Sabemos que es la voluntad de Dios que todas las personas lleguen a un conocimiento de la salvación. Por lo tanto, tenemos la seguridad de que estamos orando en la voluntad de Dios cuando pedimos que todos los líderes reciban el conocimiento del amor de Dios. Durante años ministerios como *Cada hogar para Cristo* (antes llamado *Campaña mundial de literatura*) han procurado diversos medios para comunicarles el evangelio a los líderes al más alto nivel. De esos líderes se han recibido centenares de acuses de recibo específicos de mensajes, Biblias u otros materiales evangélicos. Se han sembrado las semillas y hay la posibilidad de que den fruto en el futuro si nosotros oramos.

En quinto lugar, podemos pedirle a Dios que los *líderes de naciones con disturbios* se sientan hastiados del continuo derramamiento de sangre en sus países. Recordamos de nuevo la incapacidad de David para edificar el templo por causa de las guerras que lo rodearon (véase 1 Reyes 5:3-4). Debemos pedirle a Dios que ponga en el corazón de los líderes de esos países con disturbios el reconocimiento de que ellos necesitan ayuda de una Fuente superior.

En sexto lugar, podemos pedirle a Dios que los *líderes corruptos* reconozcan su conducta malvada y se vuelvan a Dios.

Cuando Manasés, rey de Judá, fue atado con cadenas y llevado a Babilonia, su aflicción hizo que se humillara y se volviera al Señor (2 Crónicas 33:11-13). Oremos para que los líderes corruptos se enfrenten a circunstancias que los acerquen al Señor.

Por último, podemos pedirle a Dios que *todos los líderes* reconozcan que fue Dios quien les dio sus puestos de autoridad.

Al describir la soberanía de Dios, Daniel dijo: "Sea bendito el nombre de Dios de siglos en siglos, porque suyos son el poder y la sabiduría. Él muda los tiempos y las edades; quita reyes, y pone reyes; da la sabiduría a los sabios, y la ciencia a los entendidos" (Daniel 2:20-21). Como sólo Dios pone a los líderes en sus puestos, y sólo Él tiene el poder para quitarlos, tenemos que pedirle que esos líderes reconozcan esa realidad y sepan que tienen que responderle a Dios.

## Intercesión por las esferas de influencia

No todos los líderes eminentes de un país, por supuesto, se clasifican en la categoría de gobierno. Hay por lo menos ocho esferas de influencia en la sociedad moderna para las cuales podemos encontrar figuras de autoridad que necesitan oración. Pídale al Espíritu Santo que le muestre qué esfera específica pudiera usted incluir de manera regular en sus momentos de intercesión.

Esas esferas abarcan:

1. *La arena política*. Esta esfera de influencia incluye funcionarios elegidos o designados que participan en cada sector del gobierno. Bajo esta categoría estarían presidentes, primeros ministros, dictadores y todos los consejeros políticos que ayuden a tomar decisiones en la dirección de un país. También se incluirían grupos tales como los que forman parte de los tribunales islámicos (que hacen las leyes fundamentalistas) y los miembros del partido comunista. Bajo cualquiera de esas categorías, por supuesto, la lista de funciones políticas específicas pudiera ser más bien larga. Como intercesores debemos pedirle al Espíritu Santo que nos guíe a su elección de enfoques específicos en cualquiera de esas categorías.

2. *La arena judicial*. Esta esfera incluye a los que tienen la responsabilidad de interpretar y ejecutar las leyes que rigen un país. Debemos orar por nuestros jueces, tribunales y organismos ejecutores de las leyes. En algunos países, también los líderes militares pudieran estar en esta categoría porque también tienen la responsabilidad de mantener la ley y el orden.

3. *La arena espiritual*. La Biblia nos dice que oremos por *todos* los que están en eminencia. Eso quiere decir que necesitamos recordar a tales

figuras de autoridad como pastores, sacerdotes, rabinos, *mullahs*, *ayatollahs* y otros líderes religiosos. Si no son creyentes, debemos luchar por la salvación de ellos. Si conocen a Jesucristo, debemos orar por su desarrollo espiritual y por su integridad. Considere la influencia extraordinaria que algunos líderes evangélicos han desarrollado en años recientes mediante la televisión y la radio. ¡No es de extrañarse que Satanás haya procurado desacreditar esa esfera fundamental!

4. *La arena educativa.* Esta esfera de influencia incluye a los maestros de cualquier nivel, desde la escuela primaria hasta la universidad. Es en el nivel primario de la enseñanza que los niños comienzan a formar conceptos que determinarán su manera de pensar y de vivir en los años futuros. Los padres que creen en el poder de la oración deben mantener una lista de oración de los maestros que instruyen a sus hijos.

5. *La arena cultural.* Esta amplia esfera de influencia incluye tales categorías como la industria del entretenimiento, las artes y los deportes. Los artistas atraen la atención de millones de personas en todo el mundo, y deben ser el enfoque de la oración inteligente y sistemática de los intercesores consagrados.

6. *La arena comercial.* El comercio y los medios publicitarios, que unimos en la categoría comercial, necesitan intercesión con suma urgencia. La arena comercial incluye personas influyentes en la publicidad y los medios de comunicación, como son la televisión, la radio y los

periódicos, así como todos los que desempeñen puestos de liderazgo relacionados con el complejo industrial de una nación. Deben incluirse a los grandes empresarios y a los personajes de los noticieros televisados en las listas de oración de los intercesores llamados a concentrarse en esa arena.

7. *La arena cívica.* Aunque estrechamente relacionada con la primera esfera, hay tantos líderes influyentes que prestan servicios en el gobierno civil que se reserva una categoría especial sólo para ellos. En realidad, esos líderes ocupan cargos políticos; pero como no están en lo que por lo general consideramos las funciones políticas principales, tales como puestos gubernamentales de alto nivel, a menudo no nos ocupamos de orar por ellos. Son esenciales, sin embargo, para la salud y la moralidad de la colectividad y son merecedores de la oración constante.

8. *La arena social.* Esta última categoría atañe a todos los líderes con autoridad sobre cualquier grupo que no se incluya en las siete anteriores. Incluye todos los líderes eminentes sobre grupos sociales, clubes y asociaciones estudiantiles. Incluso un núcleo familiar, con el jefe de esa familia, pertenecería a esta clasificación. Observe otra vez estas palabras de Pablo: "Todos los que están en eminencia."

Cuando alzamos el manto de la intercesión por "los que están en eminencia", estamos apresurando el día en que llegue plenamente el reino de Cristo y de veras reine la paz en la tierra.

# 8

# ORACIÓN POR LAS NACIONES

## *Miércoles: Enfrentándose a las fortalezas enemigas*

Hay unas doscientas treinta y cinco entidades geográficas que llamamos naciones,[1] y de ellas unas noventa y siete están casi cerradas a la acostumbrada actividad misionera permanente. Más de tres mil millones de personas viven en esas noventa y siete naciones "cerradas". Si han de tener acceso al evangelio, debe ocurrir un milagro de intercesión.

La intercesión debe ser fervorosa y global si hemos de ver ese milagro en nuestra generación. El salmista dijo: "Dios tenga misericordia de

1 Cuando digo *nación*, me refiero a todas las entidades geográficas que pudieran considerarse países distintos. Algunos pudieran ser protectorados de naciones más grandes, como lo es Guam para los Estados Unidos, pero debido a su distancia o aislamiento del protectorado, los llamamos *naciones* o *países*.

nosotros, y nos bendiga; haga resplandecer su rostro sobre nosotros; para que sea conocido en la tierra tu camino, en todas las naciones tu salvación" (Salmo 67:1-2). Nótese la frase de cuatro palabras *en todas las naciones*. Nuestra intercesión debe abarcar todo el mundo y dar por resultado actuación por parte de nosotros.

Considérese la paráfrasis del versículo dos: "Envíanos por la redondez del mundo llevando la noticia de tu poder salvador y de tu eterno plan para toda la humanidad." El salmista no dice: "Envía obreros", sino que dice: "¡Envíanos!"

## El factor redentor

Juan describe una visión del trono en la que se canta un glorioso himno de redención. Cuando el Cordero (Cristo) toma el libro en sus manos, cuatro seres vivientes y veinticuatro ancianos se postran delante de Él. Cada uno tenía una copa de oro llena de incienso, que son las oraciones de los santos (Apocalipsis 5:8). Luego Juan describe el factor redentor en el eterno plan de Dios con este cántico:

> Digno eres de tomar el libro y de abrir sus sellos; porque tú fuiste inmolado, y con tu sangre nos has redimido para Dios, de todo linaje y lengua y pueblo y nación; y nos has hecho para nuestro Dios reyes y sacerdotes, y reinaremos sobre la tierra.
>
> Apocalipsis 5:9-10

Como la Biblia nos dice que la humanidad redimida vendrá de todo linaje y lengua y pueblo y nación, sabemos que estamos intercediendo en la voluntad de Dios cuando oramos por esas cuatro categorías de manera sistemática en nuestras oraciones.

**Intercediendo por "todo linaje"**

De la palabra griega *phulee* proviene nuestro primer enfoque. Aquí *phulee* se tradujo "linaje", pero se traduce muchas veces "tribu", tal como la tribu de Rubén o la tribu de Judá. Como una tribu no es una nación completa, pudiéramos deducir que se refiere a un grupo más pequeño dentro de una nación, algo así como un grupo cultural. *Cultura* significa la totalidad de normas de conducta, artes, creencias e instituciones socialmente transmitidas. Tales grupos étnicos dentro de una nación tienen normas de conducta o creencias claramente definidas que se diferencian de la población mayoritaria de esa nación. Si hemos de interceder por esas personas para que acepten el evangelio, necesitaremos métodos muy diferentes de los métodos empleados para evangelizar a las demás.

La tarea es enorme. Se calcula que hay diecisiete mil de tales grupos dispersos alrededor del orbe sin un misionero residente ni una iglesia que trabaje entre ellos, o ni siquiera un testigo evangélico.

¿Cómo pudiéramos convertir esa oportunidad en intercesión significativa?

*Debemos orar por los campos no evangelizados*.

Gracias a Dios, varios ministerios han respondido a la necesidad de evangelizar a los "pueblos escondidos" de la tierra. Puede identificarse a la mayoría de esos grupos étnicos, pero nadie ha dedicado tiempo para llevarles el evangelio. Ministerios precursores como *Cada hogar para Cristo* y el centro norteamericano de *Misiones Mundiales* han procurado movilizar a los cristianos para que concentren las oraciones en esos grupos.

## Intercediendo por toda "lengua"

De la palabra griega *glossa* proviene nuestra siguiente categoría de oración. "Lengua" se refiere a idiomas y dialectos. Durante la década de los años ochenta el Instituto Lingüístico de Verano llegó a más de mil en el número de idiomas que entonces poseían por lo menos alguna parte de las Sagradas Escrituras. Hay, sin embargo, más de seis mil idiomas y dialectos conocidos que todavía necesitan el evangelio, lo cual significa que hay mucho trabajo por hacer. Sin embargo, la Biblia dice que los convertidos saldrán de todo "linaje *y lengua*".

Para convertir esa promesa en intercesión eficaz, *debemos orar por la traducción evangelística*. Grupos como el Instituto Lingüístico de Verano y Traductores Luteranos de la Biblia están trabajando abnegadamente en este campo. El importante manual para intercesores de Patrick J. Johnstone, *Operación Mundo*,[1] proporciona nombres de muchos otros ministerios que participan en la traducción evangelística, y es una guía diaria para orar por el mundo.

1 Centro de Literatura Cristiana, 1988.

### Intercediendo por cada "pueblo"

De la palabra griega *laos* proviene nuestro tercer enfoque en cuanto a las naciones. Empleada 143 veces en texto neotestamentario, *laos* sencillamente significa "pueblo". Es una referencia a los seres humanos y a las personas de una raza determinada.

Hay tres clasificaciones principales de razas en el mundo: caucásica (blanca), negra y mongólica (amarilla e india). Los misioneros veteranos saben que para evangelizar a una nación deben movilizar al pueblo de ese país a fin de que realice la tarea de evangelización. Sencillamente los misioneros ayudan a los creyentes del país a comenzar su trabajo en la dirección correcta.

Dicho en las palabras de un enfoque para la intercesión, *debemos orar por la evangelización nacional.* Debemos exigir sana instrucción bíblica que prepare a los creyentes nacionales para que evangelicen a su propio pueblo. También debiéramos pedir que los misioneros tradicionales aprendan a ceder la autoridad a quienes se educaron en esa cultura.

### Intercediendo por toda "nación"

La palabra *nación* en nuestro texto se deriva de la palabra griega *ethnos.* Aparece ciento sesenta y cuatro veces en el Nuevo Testamento y se traduce comúnmente *gentiles.* El término se refiere por lo general a todas las naciones del mundo menos Israel.

Por lo general las fronteras definen las naciones. Algún día podremos entender más plenamente el significado espiritual de las diversas fronteras geográficas. Se ha sugerido que representan en el reino visible las fuerzas espirituales dominantes que operan desde el reino invisible. Dios sí se refiere en la Biblia al establecimiento de fronteras (Salmo 16:6).

¿Cómo podemos interceder por las naciones que viven dentro de esas fronteras? *Debemos orar por la evangelización sistemática.* Aquí la palabra clave es *sistemática.* Tenemos que orar por todos los aspectos de la evangelización que procuran sistemáticamente hacer impacto en una nación, como por ejemplo la evangelización mediante la distribución de puerta en puerta de materiales impresos, todos los planes de evangelismo personal, y programas regulares de radio y televisión.

Para contribuir al desarrollo de la intercesión con un énfasis sistemático, he preparado un mapa de oración mundial que divide a los países en treinta y un grupos, uno diferente para cada día del mes. Incluye una relación de los jefes de estado de esas naciones, y una lista de los principales ministerios evangelísticos del mundo que trabajan con todas las categorías mencionadas en este capítulo.

### Enfrentándose a las fortalezas

Los misioneros que visitan los "lugares tenebrosos" de la tierra (Salmo 74:20) reconocen que ciertas regiones son extraordinarias fortalezas de Satanás. Satanás está trabajando en toda nación, pero parece que ha escogido algunas regiones para dominar de una manera flagrante. Vemos esto sobre todo en los países comunistas y musulmanes.

Cuando se ora por una nación, se debe tratar de determinar qué fortalezas satánicas hay allí, y entonces ejercer nuestra autoridad espiritual dada por Dios para enfrentarnos a esos bastiones. Creo que llegará el día en que Dios les revelará a los intercesores sensibles los detalles específicos sobre esas fortalezas. Ellos pudieran incluir descripciones de las fuerzas predominantes del reino invisible que influyen en las actividades de Satanás en ese país.

Por ahora sí sabemos de varias categorías generales de fortalezas que merecen atención especial.

1. *Fortalezas gubernamentales*. Los intercesores deben prestar atención especial a las características políticas de una nación. A menudo las leyes decretadas por gobiernos malvados estorban la difusión del evangelio. Las restricciones impuestas por los gobiernos comunistas corresponden particularmente a esa categoría. En Albania, por ejemplo, el gobierno comunista había añadido a su constitución un artículo que establecía el ateísmo como la religión oficial del estado. Cualquier otra religión se consideraba una amenaza al estado, y era ilícita. Ocurrieron ejecuciones como resultado de esas restricciones.

En un informe desde Albania, en los últimos días del comunismo, se relata que un turista había dejado en un hotel una Biblia en idioma albanés, con la esperanza de que cayera en manos de alguien interesado en leerla. Días después, cuando iba saliendo del país, un agente policiaco le entregó la misma Biblia al tiempo que le hacía una advertencia: "Usted dejó esto al inicio de su viaje. Se lo devuelvo, pero nunca más vuelva a hacerlo." ¿Cómo hemos de orar en cuanto a las fortalezas gubernamentales en ambientes políticos tan difíciles? Jesús nos mandó a hablarles directamente a las montañas (Marcos 11:23). De modo que *debemos orar contra la montaña espiritual de leyes de inspiración satánica.* Hay que enfrentarse a esas montañas en el poder y la autoridad del nombre de Jesucristo.

2. *Fortalezas culturales.* Cada nación posee rasgos distintivos de conducta. Colectivamente nos referimos a ellos como la cultura de un pueblo, y en algunos casos tales características limitan la difusión del evangelio. Un espíritu de nacionalismo da un ejemplo. Los ciudadanos de una nación pudieran decir: "Nuestra manera de vivir es superior a la de ustedes." Esta tendencia dificulta que alguien de otra cultura lleve el evangelio a quienes viven en un mundo tan cerrado.

Otro ejemplo es el rasgo distintivo de conducta de la xenofobia, que se manifiesta en algunas culturales orientales como la japonesa o la china. La xenofobia, aversión a lo extranjero, hace que el pueblo rechace a quienes vienen de otra cultura a predicar el evangelio.

¿Cómo nos enfrentamos a esas fortalezas culturales en nuestras oraciones? *Debemos orar contra las actitudes de influencia satánica.* Debemos pedir que el Espíritu Santo nos revele qué actitudes satánicas hay en una nación determinada, y entonces de manera sistemática ordenar que se quiten esas fortalezas.

3. *Fortalezas religiosas.* Este enfoque atañe a las características espirituales de un país. La religión mahometana es un ejemplo excelente. Es una fortaleza religiosa que estorba seriamente la difusión del evangelio en muchas regiones del mundo. Además, están el budismo, el hinduismo, el taoísmo, el confucianismo, el jainismo, el sikhismo y el zoroastrismo. Lamentablemente se informa que, mientras que el cristianismo ha crecido un 47% en los últimos cincuenta años, el budismo ha crecido un 63% y el hinduismo un 117% durante el mismo período.

En algunos países del mundo actual es prácticamente imposible participar en la libre evangelización por causa de las restricciones religiosas.

¿Cómo oramos contra tales fortalezas religiosas? *Debemos orar contra las creencias de inspiración satánica* que esclavizan naciones enteras o grupos étnicos importantes de una nación. Debemos convertirnos en "trillos nuevos" de la clase que Dios prometió levantar en la época de Isaías: "He aquí que yo te he puesto por trillo, trillo nuevo, lleno de dientes; trillarás montes y los molerás, y collados reducirás a tamo" (Isaías 41:15).

4. *Fortalezas materiales.* Un último enfoque en cuanto a fortalezas en las naciones tiene que ver con las características materiales de un país.

Algunas naciones parecen ser libres y han tenido prosperidad. Sin embargo, a menudo hay tibieza en las iglesias de esas naciones. Pronto la apatía hacia las cosas espirituales inclina a un pueblo hacia el humanismo, el cual pone el énfasis en el desarrollo humano y rechaza los valores espirituales. Como sucede con las demás fortalezas, ese espíritu materialista puede estorbar mucho la difusión del evangelio, sobre todo en sociedades consideradas libres. Los líderes misioneros de Europa, por ejemplo, informan que la evangelización resulta más difícil en la Europa occidental materialista que en la Europa oriental ex socialista. Es tan intenso el materialismo, y tan grande su apatía correspondiente, que muchos se niegan incluso a escuchar el evangelio.

¿Cómo debemos luchar en oración con una fortaleza tan poderosa? *Debemos orar contra los ideales de inspiración satánica.* Hay que orar por autoridad directa contra los ideales de Satanás. Los movimientos sociales, políticos o religiosos que inclinan a las personas hacia un punto de vista materialista o humanístico de la vida deben ser asuntos de importancia para la oración intercesora.

A esas "montañas", como a las demás ya tratadas, hay que enfrentarse directamente. Los intercesores no son simples suplicantes sosegados. Son más bien movedores de montañas.

# 9

# ORACIÓN POR LOS QUE TRABAJAN EN LA OBRA DE CRISTO

## *Jueves: Colaboradores en el conflicto*

La idea me cruzó por la mente como un relámpago mientras me preparaba para un viaje a los antiguos países comunistas de Europa. Tenía que llevar las notas de instructores para nuestra escuela de oración, de modo que los líderes allí pudieran traducir y distribuir esos materiales. Pero había oído relatos sobre cómo registraban regularmente a los norteamericanos que iban a esa determinada región y cómo a menudo les confiscaban todos los materiales impresos.

Recordé la petición de Pablo a los creyentes de Roma cuando suplicaba: "Que me ayudéis orando por mí a Dios, para que sea librado de los rebeldes . . ." (Romanos 15:30-31). Yo necesitaba intercesores que no sólo "me ayudaran orando" en sentido general mientras estaba en esa misión, sino específicamente mientras cruzaba las fronteras para entrar en esas naciones gobernadas por hombres obstinados.

Así que me puse en contacto con un puñado de nuestros más consagrados intercesores dispersos por todo el país y les dije los períodos exactos comprendidos. Tuve el cuidado de pedirles a los que respondieron favorablemente que me protegieran en oración por lo menos una hora antes del momento de cruzar y una hora después, a fin de tener en cuenta la posibilidad de una llegada antes o después de la hora señalada. Debido a la diferencia de hora entre Europa y los Estados Unidos, muchos participantes tendrían que levantarse a altas horas de la noche.

Sin embargo, muchos respondieron y pronto tuve una página llena de nombres de intercesores que habían prometido orar conmigo. Como quería poder "ponerme de acuerdo con ellos en oración", llevé la lista en mi viaje.

No comprendí cuán importantes serían esos intercesores. Varias semanas antes de mi partida, un joven enlace cristiano de Europa occidental, que trabajaba con un grupo que auspiciaba mi visita, tuvo la tarea de ir al país para que planeara mi programa de trabajo. Llevaba consigo una sola hoja de papel, cuidadosamente escondida, en la cual estaban mecanografiados todos los detalles de mi visita. Incluía la fecha de mi llegada, el hecho de que yo llegaría procedente de Varsovia, Polonia, y mis planes de adiestrar líderes en cuanto a la movilización de la oración.

Más tarde me enteré de que el joven hermano estuvo detenido en la frontera durante unas cuatro horas y que las autoridades habían descubierto y confiscado todos los detalles de mi visita. Afortunadamente para mí, mi nombre y apellido, tal como aparecen en mi pasaporte, no estaban en la hoja. Más bien se habían referido a mí sólo con la abreviatura DK (de Dick). Tampoco la hoja mostraba los detalles precisos de mi vuelo, sino sólo que yo iba a llegar desde Varsovia el día en cuestión.

Mientras me preparaba a salir de Varsovia, no tenía la menor idea de que las autoridades estaban buscando a DK, un norteamericano, que llegaba procedente de Varsovia aquel día. Desde luego, si yo hubiera sido el único norteamericano que llegaba, ellos habrían sabido que yo era esa persona y que el DK había sido un código. En realidad, hasta ese momento yo *había* sido un norteamericano solitario que luchaba por encontrar a alguien que supiera suficiente inglés como para que me indicara la correcta puerta de salida.

Oí de repente a alguien que hablaba mi idioma sin acento extranjero. Luego oí a otro, y después a otro. Me volví para hablar con una señora de edad madura que parecía estar dándole instrucciones a un grupo. Yo había tomado un vuelo lleno de turistas norteamericanos. La señora era agente de viaje de New Jersey y ése era un viaje de turismo a Europa Oriental que su agencia proyectaba sólo una vez cada tres años. Ahora, en vez de un norteamericano en el vuelo, ¡había treinta!

Todo ese tiempo llevé conmigo aquel pedazo de papel en que estaban los nombres de los intercesores que esa noche estaban levantados orando por mí. Mientras el avión se deslizaba por la pista metí la mano en el bolsillo, agarré la lista y oré: "Estoy de acuerdo con éstos que ahora están orando conmigo y pidiendo por mi absoluta protección."

A mi llegada me mezclé entre los turistas norteamericanos, charlando con los que estaban cerca de mí mientras pasábamos frente a los funcionarios de inmigración.

Entonces llegó la muy difícil tarea de pasar con mi equipaje por la inspección de aduana. Delante de mí había cinco grandes mostradores. En cada uno había un agente aduanero que registraba con vigor cada maleta. Sabiendo cuán importante es pasar frente al agente adecuado, me detuve durante algunos segundos para orar en silencio. Metí la mano en el bolsillo y toqué el pedazo de papel — poniéndome de acuerdo otra vez con los que estaban orando —, y escogí un agente.

Ahora yo esperaba que el viajero que estaba delante de mí pasara la inspección. Sacaron y examinaron cada artículo que llevaba en su enorme maleta. Luego el agente gruñó y señaló otra de las maletas del hombre que estaba junto a mis pies. Haciéndome a un lado a fin de que el hombre tuviera espacio para levantar su maleta, me encontré frente al agente. Estábamos a menos de tres pies de distancia. Sin decir una palabra, el agente chasqueó los dedos dos veces, me señaló directamente y me indicó la puerta de salida. Yo sabía que estaba indicando que podía irme, y mi espíritu saltó hacia la puerta, aunque mi cuerpo anduvo con indiferencia como si no estuviera sucediendo nada fuera de lo común.

Más tarde me enteré de toda la historia, cuando hablé con varios norteamericanos que también habían llegado aquella semana. Todos habían estado detenidos, algunos durante cuatro horas, y a muchos de ellos los agentes aduaneros les habían confiscado los materiales evangélicos impresos.

Al examinar el papel que desempeñó la oración en esas circunstancias, algunos dijeron que también tenían amigos que estaban orando por ellos en sus iglesias. Pero cuando pregunté si estaban seguros de que esos amigos habían estado orando en el momento preciso de la confrontación, cada uno respondió negativamente. Ni siquiera tenían una lista de los nombres de intercesores que pudieran tocar de personas que se hubieran puesto de acuerdo con ellos en oración. Sólo pudieron decir que algunos amigos les habían prometido orar por ellos mientras estuvieran fuera.

Yo sabía que Dios había permitido esa experiencia para mostrarme el poder de ponerse de acuerdo en la oración.

## La sentencia de muerte

Pablo se refirió a la importancia de quienes lo ayudaron a librar sus guerras espirituales mediante la oración. A los cristianos corintios Pablo les escribió: "Porque, hermanos, no queremos que ignoréis acerca de nuestra tribulación que nos sobrevino en Asia; pues fuimos abrumados sobremanera más allá de nuestras fuerzas, de tal modo que aun perdimos la esperanza de conservar la vida. Pero tuvimos en nosotros mismos sentencia de muerte, para que no confiásemos en nosotros mismos, sino en Dios . . . cooperando también vosotros a favor nuestro . . ." (2 Corintios 1:8,9,11).

No sólo hemos de pedir que el Señor de la mies "envíe" obreros a su mies (Mateo 9:37-38), sino que también debemos pedir por los que ya están trabajando en esa mies. Pablo vio esa necesidad. A menudo habló de "hacer mención" de sus colaboradores en la oración (véase Romanos 1:9). Una pauta de oración que Pablo empleó para sus colaboradores es particularmente significativa. Comienza: "Por lo cual también nosotros, desde el día que lo oímos, no cesamos de orar por vosotros . . ." (Colosenses 1:9). Luego Pablo enumera varios objetivos que le pedía al Señor que lo ayudara a alcanzar. Pudiéramos llamarles a esos objetivos las diez "peticiones colosenses" para los obreros cristianos.

La primera serie de cinco peticiones se relacionan con *una dádiva de revelación*: Dios le revela sus resultados deseados al obrero. La segunda serie de cinco peticiones se relacionan con *un aumento de bendiciones* del Señor para ese obrero.

Es útil al emplear esas peticiones en la oración el formarse una imagen mental de uno mismo como que extiende ambas manos para tocar a la persona por quien se está orando. Los cinco dedos de una mano nos recuerdan que oremos por las primeras cinco categorías, mientras que los cinco dedos de la otra mano nos recuerdan que oremos por las cinco bendiciones adicionales. Esas diez peticiones en dos series cada una son:

## Revelación

En nuestro primer paso de intercesión por los obreros cristianos, debemos pedir *una revelación de la voluntad de Dios* para el obrero. Esa petición tiene que ver con *la dirección divina.* Pablo pedía que sus colaboradores fueran "llenos del conocimiento" de la voluntad de Dios. Al mencionar a un obrero de nuestra lista de oración, tenemos que pedirle a Dios que revele su deseo acerca de ese obrero para ese mismo día.

En segundo lugar, debemos pedir *una revelación de la sabiduría de Dios* para ese obrero. Esa petición tiene que ver con *la percepción divina.* Pablo pedía que el obrero fuera lleno de "toda sabiduría". Aquí pedimos que Dios le revele a un obrero cómo pudiera aplicar el plan de Dios para ese día. La sabiduría es simplemente sentido común. Hablando en términos espirituales, es sentido común espiritual. Un predicador la definió como saber adónde se va y saber cómo llegar allí. La sabiduría es aplicar en la práctica lo que sabemos teóricamente.

En nuestro tercer aspecto de la intercesión, debemos pedir *una revelación de la inteligencia de Dios* para el obrero. Esa petición tiene que ver con *la comprensión divina*. Con demasiada frecuencia los obreros cristianos consideran los problemas como los ve el hombre, pasando por alto la perspectiva de Dios. Pablo pedía que sus colaboradores fueran llenos de "inteligencia espiritual". Aquí *inteligencia* significa percepción o comprensión de la esencia e importancia de una cosa.

Al mencionar a un obrero, tenemos que pedirle a Dios que, como resultado de su experiencia en el Señor, sepa lo que ha de hacer en situaciones que se presenten ese día.

En cuarto lugar, debemos interceder por *una revelación de la santidad de Dios* en el obrero. Esa petición tiene que ver con *la perfección divina*. Pablo pedía que los creyentes de Colosas anduvieran "como es digno" delante de Dios. Eso quiere decir que el creyente debe vivir en una comprensión de la santidad de Dios mientras ésta fluye a través de él. Una paráfrasis del versículo pudiera rezar así: "Para que vivan una vida digna del Señor y le agraden desde todo punto de vista." Aquí pedimos que la santidad de Dios se manifieste tanto *en* el obrero como *por medio del* obrero por quien oramos ese día específico.

Nuestro quinto aspecto de la intercesión pide *una revelación de la voluntad de Dios* en ese obrero. Esa petición tiene que ver con *la satisfacción divina*. Pablo pedía que sus colaboradores anduvieran como es digno del Señor "agradándole en todo". Es pedirle a Dios que cada cosa que haga un obrero ese día complazca al Señor. Pablo anhelaba ver a sus amigos espirituales convertirse en tesoros para el Señor mediante su conducta y testimonio. ¡Sin duda que esa es una virtud muy deseada por todos los obreros cristianos!

### Aumento de bendiciones

Después de pedir revelación en esos cinco aspectos, debemos interceder por un aumento de la bendición de Dios para el obrero en cinco categorías adicionales.

En nuestro sexto aspecto de la intercesión pedimos *un aumento de eficiencia* del obrero. Aquí el enfoque es *la productividad creciente*. Pablo pedía que sus colaboradores llevaran "fruto en toda buena obra". Estaba pidiendo que la eficiencia de ellos aumentara a todos los niveles. Cuando oramos por los obreros cristianos de nuestra lista, debemos pedirle a Dios que les dé fruto duradero como resultado de las actividades de ese día.

En séptimo lugar, debemos pedir *un aumento del desarrollo espiritual* del obrero. Aquí el enfoque es *la espiritualidad creciente*. Pablo pide que sus compañeros en la fe crezcan "en el conocimiento de Dios". Sólo es posible crecer en nuestro conocimiento de Dios con una sólida vida espiritual. Así que debemos pedir que cada obrero de nuestra lista crezca en un deseo de Dios y de su Palabra.

En octavo lugar, debemos interceder por *un aumento de fortaleza* del obrero. Este enfoque tiene que ver con *la estabilidad creciente*. Pablo desea que sus colaboradores sean "fortalecidos con todo poder, conforme a la potencia" de la gloria de Dios. Cada obrero necesita una renovación diaria de su fortaleza física y espiritual. Al mencionar a un obrero cristiano en la oración, debemos pedir para el obrero un bautismo de "aceite fresco" (Salmo 92:10).

En noveno lugar, debemos pedir *un aumento de la paciencia* del obrero. Esa petición se refiere a *la tenacidad creciente*. La tenacidad es la virtud de aferrarse bien a una tarea o promesa sin que importe cuál sea la circunstancia. El deseo de Pablo para sus compañeros de lucha es que sean fortalecidos "para toda paciencia y longanimidad". La paciencia es la capacidad para esperar bajo presión. La longanimidad es la capacidad para soportar situaciones difíciles durante prolongados espacios de tiempo. La longanimidad es una forma especial de lo que pudiera llamarse paciencia prolongada. Pídale a Dios que les dé a los obreros de su lista una confianza sosegada en Él que se manifieste en un creciente grado de paciencia.

Por último, llegamos a la maravillosa petición de *un aumento de gozo* del obrero. Esa intercesión tiene que ver con *el deleite creciente*. Cuando Pablo dice que sus compañeros sean fortalecidos "para toda paciencia y longanimidad", añade "con gozo". La palabra *gozo* en este pasaje proviene de la misma palabra griega traducida en otros pasajes como "muy grande gozo" (Mateo 2:10).

Obsérvese la palabra *con* en ese pasaje, la cual muestra que todas las peticiones de esa lista han de saturarse *con* gozo. La capacidad de dar fruto debe mezclarse con gozo. La espiritualidad debe estar saturada de gozo. La fortaleza sale del gozo: "El gozo de Jehová es vuestra fuerza" (Nehemías 8:10). El gozo, en realidad, es un ingrediente especial que hace muy agradable todo lo que hagamos en Cristo.

Debiéramos trasladar ese gozo de nuestro corazón a los que están en nuestras listas cada vez que los ayudamos en oración. Uno de los antiguos estatutos de Israel dice: "Te alegrarás delante de Jehová tu Dios de toda la obra de tus manos" (Deuteronomio 12:18). Dios quiera que recordemos esa exhortación cuando extendamos diariamente las manos en oración, con regocijo, para llegar hasta los obreros cristianos en las líneas del frente de la guerra espiritual.

# 10

# ORACIÓN POR LA IGLESIA

## *Viernes: Luchando por el despertamiento espiritual*

Uno de los despertamientos espirituales más importantes de este siglo comenzó en Gales en 1904, el resultado de un llamado a la oración unida. Según cuenta el historiador J. Edwin Orr, un evangelista presbiteriano llamado Seth Joshua visitó la universidad Newcastle Emlyn en Gales, en la que un joven llamado Evan Roberts se estaba preparando para el ministerio. Roberts era un minero galés de veintiséis años cuando sintió el llamado a predicar.

Durante la visita de Seth Joshua a la universidad, los estudiantes se sintieron entusiasmados por un profundo deseo de oración y preguntaron si podían asistir a su próxima serie de reuniones en una ciudad vecina. Concedido el permiso, se suspendieron todas las clases y asistió todo el cuerpo estudiantil. Fue allí donde los estudiantes oyeron a Seth Joshua orar con vehemencia: "Oh Dios, doblega nuestra voluntad." Aquella noche Evan Roberts pasó al frente mientras clamaba: "Oh Dios, doblega mi voluntad."

Cuando terminaron las reuniones, Roberts volvió a la universidad con sus compañeros de clase, pero se dio cuenta de que no podía concentrarse en sus estudios. Algo estaba ocurriendo en su corazón. "Sigo oyendo una voz — le dijo Roberts al rector — que me dice que debo irme a mi pueblo para hablarles a los jóvenes de mi iglesia." Roberts se preguntaba si era la voz del diablo o la voz del Espíritu. El rector le respondió: "Nunca el diablo da órdenes como esa. Puede tomarse una semana de asueto."

El joven Roberts regresó a Loughor y le dijo a su pastor que había vuelto a su pueblo a predicar. Al pastor no le resultaba nada agradable, sin embargo, el permitir que aquel estudiante sin experiencia se dirigiera a toda la congregación, de modo que le sugirió a Evan Roberts que diera testimonio en la reunión de oración del lunes por la noche. Evan accedió, agradecido de que por lo menos tendría oportunidad de hablarles a algunos miembros de la congregación.

La asistencia fue mayor de la que se esperaba. El pastor decidió no llamar a Evan Roberts hasta que terminara la reunión. Cuando ya las personas estaban a punto de salir, el pastor dijo: "Nuestro joven hermano, Evan Roberts, siente que tiene un mensaje para ustedes, si están dispuestos a esperar."

Sólo se quedaron diecisiete personas. Roberts les dijo: "Tengo un mensaje para ustedes de parte de Dios. Deben confesarle a Dios cualquier pecado conocido y pedirle perdón a cualquiera a quien le hayan hecho mal. En segundo lugar, deben abandonar cualquier hábito dudoso. En tercer lugar, deben obedecer de inmediato al Espíritu. Por último, deben confesar públicamente su fe en Cristo."

Según testigos presenciales, antes de las diez de la noche los diecisiete habían respondido. El pastor se sintió tan conmovido que le preguntó a Evan Roberts si estaba dispuesto a hablar en el culto sobre las misiones la noche siguiente. Luego le pidió que hablara en la reunión regular del miércoles por la noche. Se proyectó un cuarto culto para la noche siguiente, y después otro más. Se decidió continuar una segunda semana cuando parecieron abrirse los cielos.

Pronto la carretera frente al templo estuvo llena de personas que asistían al culto deseosas de encontrar a Dios. Incluso los tenderos cerraban temprano para poder conseguir un asiento en el gran pero atestado templo.

## Una marejada

El avivamiento fue tan poderoso que los periódicos enviaron a sus reporteros para que informaran sobre los acontecimientos. Como una marejada, el despertamiento se extendió por todo Gales. En cinco meses cien mil personas conocieron a Cristo en toda la región. Los jueces no tenían ningún caso que juzgar. No había robos, ni violaciones ni asesinatos. Los líderes cívicos se reunieron para determinar qué hacer con la policía ahora que el delito había desaparecido. En un vecindario, un reportero le preguntó al sargento de la policía:

— ¿En qué invierten el tiempo?

— Antes del avivamiento — respondió —, teníamos dos tareas importantes: prevenir el delito y controlar las multitudes que asistían a los partidos de fútbol. Desde que comenzó el avivamiento prácticamente no hay delincuencia. De modo que hacemos lo que hacen los demás.

Cuando se le preguntó lo que quería decir, el sargento respondió:

— Ustedes saben dónde están las multitudes. Están llenando las iglesias.

— Pero ¿cómo afecta eso a la policía? — preguntó el reportero.

— Tenemos diecisiete policías en nuestra estación — respondió el sargento —. Cinco de ellos no hacen otra cosa que controlar las multitudes cuando se dirigen a las reuniones de oración.

— ¿Y qué hacen los otros doce?

— Hemos organizado tres cuartetos con esos agentes — respondió el sargento —. Cantan en las iglesias. Si alguna iglesia quiere un cuarteto, sencillamente llaman a la estación de policía.

Al transcurrir los meses la embriaguez descendió cincuenta por ciento; los nacimientos ilegítimos, cuarenta por ciento en algunos lugares. Incluso hubo un retraso en las minas debido a la conversión de tantos mineros del carbón. Esos mineros no se declararon en huelga; sencillamente eliminaron las palabras obscenas en su manera de hablar. Los caballos que tiraban de las carretas en las minas no entendían el lenguaje "puro" de los mineros y tuvieron que ser adiestrados de nuevo.

El despertamiento de Gales se extendió por todo el mundo dando origen a una oleada de actividad misionera que sigue haciendo impacto en el mundo actual.

¡Qué ejemplo de avivamiento! Se ganará al mundo para Cristo sólo con iglesias llenas de vida que "envíen" obreros. Por eso Pablo les dijo a los creyentes tesalónicos que él oraba por ellos de noche y de día "con gran insistencia", para que él y sus colaboradores pudieran verlos cara a cara y completar lo que faltara a su fe (1 Tesalonicenses 3:10). Luego añadió: "El Señor os haga crecer y abundar en amor unos para con otros y para con todos . . . para que sean afirmados vuestros corazones, irreprensibles en santidad delante de Dios . . ." (1 Tesalonicenses 3:12-13). Esas palabras de Pablo proporcionan una cuádruple pauta de oración extraordinaria que alude específicamente a la intercesión por la iglesia.

## El enfoque de la restauración

En primer lugar, debemos interceder en oración por el *perfeccionamiento* de la Iglesia. Pablo le pidió a Dios que lo capacitara para ayudar a completar lo que faltara a la fe de los creyentes tesalónicos. Pablo anhelaba ver renovada a la iglesia para que ésta pudiera realizar su tarea suprema: evangelizar a los perdidos.

Cuando Pablo habló de perfeccionar la iglesia, empleó una palabra griega, *kartartizo*, que en otros pasajes del Nuevo Testamento describe a pescadores que remiendan sus redes. Éstas sólo podían volver a usarse para pescar cuando eran reparadas o llevadas a su condición original.

Se encuentra la misma palabra griega cuando Pablo dice que Epafras, un creyente de Colosas, siempre ruega fervientemente para que los colosenses se mantengan "firmes, perfectos y completos en todo lo que Dios quiere" (Colosenses 4:12). También se emplea la palabra en Hebreos 6:1: "Vamos adelante a la perfección." En Apocalipsis hallamos la exhortación del Señor a las siete iglesias. Hablándole a la iglesia de Éfeso respecto a la renovación, dijo: "Tengo contra ti, que has dejado tu primer amor" (Apocalipsis 2:4).

Para que la iglesia cumpla su misión de evangelizar a los perdidos, debemos orar para que ocurra la restauración.

## El enfoque de la unidad

En segundo lugar, debemos interceder por la *cooperación* de la Iglesia. Pablo oraba por un espíritu de unidad y compasión, para que la iglesia tesalonicense abundara "en amor unos para con otros" (1 Tesalonicenses 3:12).

La Iglesia primitiva *estaba* unida. Surgió de un grupo de personas que estaban "unánimes" juntas (Hechos 2:1). El tema se repite en Hechos cuando, después de una fulminante reunión de oración, "la multitud de los que habían creído era de un corazón y un alma" (Hechos 4:32).

Pablo se refirió a ese asunto cuando trató después sobre las divisiones en las iglesias. A los corintios les escribió: "Os ruego, pues, hermanos, por el nombre de nuestro Señor Jesucristo, que habléis todos una misma cosa, y que no haya entre vosotros divisiones, sino que estéis perfectamente unidos en una misma mente y en un mismo parecer" (1 Corintios 1:10).

La palabra para *abundar* en nuestro texto (1 Tesalonicenses 3:12) proviene del vocablo latino *undare,* que significa ondular o levantarse en olas. Pablo exhortaba a los tesalonicenses a que permitieran que el amor de ellos entre sí levantara grandes marejadas, como las olas del mar se levantan como reacción a las corrientes. Nuestra reacción ante el amor de Dios debe producir olas de amor hacia nuestros hermanos en la fe. Si no podemos amar a los que están en la iglesia, no amaremos jamás a los que están fuera de la iglesia.

¡Alabado sea Dios por los conmovedores informes de ese mismo espíritu de unidad que hoy se propagada por toda la iglesia! Las escuelas de oración, los conciertos de oración y las campañas evangelísticas interdenominacionales de casa en casa están uniendo a millares de creyentes en la tarea suprema de la Iglesia: la evangelización mundial. Los intercesores deben proteger ese inapreciable don de la unidad. Es, después de todo, una respuesta a la reiterada oración de

Jesucristo de que sus discípulos sean uno (Juan 17:11,21).

## El enfoque de la visión

En tercer lugar, debemos interceder por la *comisión* de la Iglesia. Cuando Pablo pedía que los creyentes tesalónicos abundaran en amor "para con todos", estaba pidiendo que el amor de ellos entre sí rebosara hasta que llegara a todo el mundo. "Todos" no es la mayoría, ni algunos ni siquiera muchos. Como afirmó un predicador: "¡Todos significa todos, y es todo lo que todos significa!" La misión de la Iglesia es evangelizar a todo el mundo. Y a cada creyente se le manda a participar en esa tarea.

Cristo se refirió específicamente a esa comisión cuando dijo: "Alzad vuestros ojos y mirad los campos" (Juan 4:35). Los ojos son los instrumentos de la visión. Cristo estaba llamando a sus discípulos a extender los horizontes de su visión interior. Más adelante dijo: "Paz a vosotros. Como me envió el Padre, así también yo os envío" (Juan 20:21).

Lo que se necesita en la iglesia de hoy es una interiorización de nuestra intercesión. No es que dejemos de orar por la iglesia local, sino que reconozcamos su importancia universal.

Una pauta de oración para mantenernos en pos del objetivo en cuanto a todo el alcance de la intercesión es la norma de Hechos 1:8, en la cual hay tres objetivos para la oración. El *enfoque en Jerusalén* me recuerda que ore por las necesidades próximas al hogar, como la familia, los amigos y las necesidades de la comunidad local. El *enfoque en Judea y Samaria* me recuerda que ore por las necesidades de mi estado (o provincia) así como por las de mi nación. El *enfoque en "lo último de la tierra"* me recuerda que ore por actividades que tienen que ver con llevar el evangelio a remotas regiones del mundo.

## El enfoque del desarrollo

Por último, debemos interceder por la *firmeza* de la Iglesia en lo que cree. Esto atañe al desarrollo espiritual en el cuerpo de Cristo. El crecimiento numérico, aunque deseable, no tiene sentido a no ser que la iglesia crezca espiritualmente. La pureza y la integridad son esenciales.

Pablo concluyó su deseo de oración por los tesalonicenses al pedir que sus corazones fueran "irreprensibles en santidad delante de Dios". En otra ocasión Pablo escribió: "Salid de en medio de ellos [el mundo], y apartaos, dice el Señor, y no toquéis lo inmundo; y yo os recibiré" (2 Corintios 6:17).

Para los creyentes de Colosas el apóstol añadió:

> Por tanto, de la manera que habéis recibido al Señor Jesucristo, andad en él; arraigados y sobreedificados en él, y confirmados en la fe, así como habéis sido enseñados, abundando en acciones de gracias. Mirad que nadie os engañe por medio de filosofías y huecas sutilezas, según las tradiciones de los hombres,

conforme a los rudimentos del mundo, y
no según Cristo.

Colosenses 2:6-8

Cuando Pablo habló de estar "confirmados en la fe", empleó la palabra griega *sterizo*, que significa afirmar. Debemos participar en aquellas actividades que nos ayuden a afirmar nuestra fe. Como intercesores, también debemos pedir que los creyentes en todas partes deseen nuevos niveles de desarrollo que afirmen su fe genuina.

# 11

# ORACIÓN POR LOS ENFERMOS Y AFLIGIDOS

## *Sábado: Factores bíblicos para la restauración física*

Puede resultar difícil enfrentarse en oración a la enfermedad y el sufrimiento. Casi todos los intercesores se han enfrentado a circunstancias en las cuales sus oraciones parecían ineficaces. Sin embargo, se habla mucho en la Biblia sobre la oración por los que sufren, y ningún libro sobre la intercesión estaría completo sin mencionar este asunto.

El apóstol Santiago emplea dos palabras cuando trata este asunto: *enfermos* y *afligidos.* Él dijo: "¿Está alguno entre vosotros afligido? . . . ¿Está alguno enfermo entre vosotros? Llame a los ancianos de la iglesia, y oren por él . . ." (Santiago 5:13-14).

Se emplean dos expresiones griegas en este pasaje. *Kakopatheia,* la palabra griega traducida "aflicción", es una referencia a cualquier cosa que cause angustia, refiriéndose por lo general al intenso sufrimiento causado por circunstancias que no sean la enfermedad. En este sentido, la angustia social se vuelve un enfoque. No ha de olvidarse a los desamparados y hambrientos.

Al mencionar a los enfermos, Santiago emplea una palabra griega diferente, *asthenes*, una expresión que se refiere a los débiles, endebles o enfermizos.

De modo que, al hablar de interceder por los enfermos y afligidos, incluimos no sólo a quienes estan atados por enfermedades físicas, sino también los oprimidos mental, física, social o espiritualmente.

Una vez más miramos a Jesucristo como nuestro ejemplo supremo de intercesión. Cristo sintió carga por los enfermos y afligidos. Cuando Jesús entró en la sinagoga después de su bautismo y tentación, se le entregó el libro de Isaías y comenzó a leer. Sus palabras describieron su propia misión sanadora: "El Espíritu del Señor está sobre mí, por cuanto me ha ungido para dar buenas nuevas a los pobres; me ha enviado a sanar a los quebrantados de corazón, a pregonar libertad a los cautivos, y vista a los ciegos; a poner en libertad a los oprimidos, a predicar el año agradable del Señor" (Lucas 4:18-19).

Al comisionar a sus discípulos, Jesús los nombró sanadores, y les dijo: "Y yendo, predicad, diciendo: El reino de los cielos se ha acercado. Sanad enfermos, limpiad leprosos, resucitad muertos, echad fuera demonios; de gracia recibisteis, dad de gracia" (Mateo 10:7-8).

La intercesión por los enfermos se registra por primera vez en la confrontación de Abraham con Abimelec cuando Abraham habitó en Gerar (Génesis 20:1). Como Abraham temía que les costaría la vida el decir la verdad sobre su esposa Sara, le mintió a Abimelec, diciéndole que Sara era su hermana. Abimelec llevó a Sara a sus habitaciones, con la indudable intención de casarse con ella más tarde. Aquella noche, sin embargo, Dios se le apareció a Abimelec en un sueño y pronunció una maldición sobre él y su familia porque había tomado a una mujer casada.

Abimelec se quejó amargamente por causa del engaño de Abraham. En realidad, ni siquiera había tocado todavía a Sara y Dios le dijo que había actuado con integridad. Pero todavía se necesitaba un intercesor si había de revocarse la maldición. Entonces Dios le dijo a Abimelec: "Ahora, pues, devuelve la mujer a su marido; porque es profeta, y orará por ti, y vivirás" (Génesis 20:7).

Abimelec obedeció la voz de Dios y acudió a Abraham. "Entonces Abraham oró a Dios; y Dios sanó a Abimelec y a su mujer, y a sus siervas, y tuvieron hijos . . ." (Génesis 20:17).

De tales relatos bíblicos podemos establecer conceptos que nos ayuden a desarrollar una estrategia de intercesión por los enfermos y afligidos. Sirven de guía siete factores.

### El factor de la sabiduría

En primer lugar, para interceder por los enfermos o afligidos debemos buscar la sabiduría de Dios. "La sabiduría es lo principal —dice Proverbios —. Y con la sabiduría adquiere inteligencia" (véase Proverbios 4:7).

La sabiduría es fundamental. ¿Cuál es la voluntad de Dios en una circunstancia determinada? Jesús nos enseñó a orar: "Venga tu reino. Hágase tu voluntad . . ." Pero a veces es difícil determinar su perfecta voluntad en cuestiones relacionadas con la sanidad física. Algunos que están enfermos, por ejemplo, necesitan oración por disciplina en cuanto al cuidado adecuado de su cuerpo más bien que por sanidad de una enfermedad causada por tal descuido. Dios busca sanidades que duren más bien que "curitas de mercurocromo" que lleven a peores condiciones. Dios pudiera sanar la hipertensión arterial causada por el peso excesivo en un instante; pero Él pudiera optar por permitir esa sanidad sólo mediante la disciplina de la persona para perder treinta o cuarenta libras. Como intercesores, necesitamos sabiduría para saber orar sobre tales cuestiones.

Considere el ejemplo de Pedro cuando le informaron de la muerte de Dorcas (Hechos 9:39-41). Pedro oró antes de ordenarle a Dorcas que se levantara de los muertos. Aunque especulativo, esa oración inicial pudo muy bien haber sido por la sabiduría que necesitaba acerca de la voluntad de Dios en el asunto. Sí sabemos que cuando al fin Pedro ejerció su autoridad, no le pidió a

Dios que hiciera algo por Dorcas, sino más bien le pidió a ella que se levantara.

Es fundamental la sabiduría en cuanto a la voluntad de Dios. Hace años oí el testimonio de una madre cristiana cuya hijita de tres años de edad había sido atropellada por un automóvil. La prognosis del médico era sombrío. Era probable que la niña muriera. En caso de sobrevivir, sin duda la niña sería un ser "vegetante" mientras viviera.

Poco después que el médico pronunció su diagnóstico, una amiga de la madre la oyó gritar una enojada oración de insistencia. "Dios — exigía ella —, deja que viva mi hija o ¡no te volveré a servir jamás!"

La hija sobrevivió de manera milagrosa, pero nunca pudo pensar ni funcionar más allá de la capacidad de un niño de pecho. Cuarenta años después la madre estaba todavía cambiando los pañales de su hija. Nunca tuvo siquiera un día de descanso y quietud.

¿No sería acaso que en la sabiduría de Dios era mejor llevar al cielo a su hija? Sin duda nuestro Padre sabe más que nadie sobre esas cuestiones difíciles y debemos buscar su sabiduría mientras oramos.

## El factor de la disposición

En segundo lugar, para interceder por los enfermos o afligidos debemos determinar la disposición de la persona a ser sanada. Algunas personas que sufren no anhelan sinceramente la sanidad. Una persona pudiera disfrutar de la atención que provoca una enfermedad. Otras pudieran rechazar secretamente la restauración porque tal sanidad exigiría más responsabilidad de su parte.

Debe establecerse el factor de la disposición al orar por los enfermos si ha de ser eficaz nuestra intercesión. Pida que el enfermo aproveche con sensatez su sanidad. Pídale a Dios que esa persona se adapte a las ramificaciones de la vida saludable.

### El factor de la debilidad

En tercer lugar, para interceder por los enfermos o afligidos debemos procurar prudentemente descubrir cualquier debilidad espiritual que impida que sean respondidas nuestras oraciones.

Según la Biblia, el pecado impide que podamos ver el plan de Dios cumpliéndose en sus hijos. Isaías declaró: "He aquí que no se ha acortado la mano de Jehová para salvar, ni se ha agravado su oído para oír; pero vuestras iniquidades han hecho división entre vosotros y vuestro Dios, y vuestros pecados han hecho ocultar de vosotros su rostro para no oír" (Isaías 59:1-2).

Debemos evitar el ser arbitrarios, pero también tenemos que pedirle al Señor que revele cualquier estorbo que limite la eficacia de nuestras oraciones. Como Santiago vinculó la confesión de pecados con la sanidad física (Santiago 5:16), tenemos un fundamento bíblico para alentar a la persona por quien estamos orando a que identifique y confiese cualquier pecado conocido.

Los intercesores de experiencia saben que la victoria sobre el pecado es exactamente tan importante como la victoria sobre la enfermedad. A veces enfrentarse al pecado es la primera etapa al enfrentar la enfermedad. La liberación del pecado puede ser la clave para la liberación de la enfermedad.

## El factor de la Palabra

En cuarto lugar, para interceder por los enfermos o afligidos debemos aprender a emplear el poder de la Palabra de Dios como nuestra arma suprema de ataque.

El salmista vinculó la restauración física con el poder de la Palabra de Dios cuando dijo: "Clamaron a Jehová en su angustia, y los libró de sus aflicciones. Envió su palabra, y los sanó, y los libró de su ruina" (Salmo 107:19-20).

En los seminarios de nuestra escuela de oración exhortamos a los participantes a que saturen sus oraciones de textos bíblicos. Una manera de hacerlo es escuchando pasajes bíblicos grabados en casetes mientras se ora. Acepte las promesas de Dios y pronúncielas en oración por necesidades específicas que haya en su lista.

Una hermana que participó en la escuela de oración aceptó esa exhortación y compró todo el Nuevo Testamento en casetes después del seminario. Varios días después, mientras visitaba a una amiga en el hospital, se le ocurrió la idea de usar ese nuevo instrumento. Su amiga había estado en coma durante varios días. Los médicos daban poca esperanza de mejoría. No obstante, la mujer le pidió permiso a la jefa de enfermeras para ponerle los casetes de las Sagradas Escrituras a su amiga herida.

Se le concedió el permiso, y unos minutos antes del mediodía colocó una grabadora en la mesa de noche, la puso a funcionar y se dirigió al comedor del hospital para almorzar algo.

Mientras todavía estaba de pie en la fila del comedor, la mujer oyó que la llamaban por los altoparlantes del hospital y se le pidió que volviera a la habitación de su amiga. Corrió escaleras arriba. ¡Su amiga se había incorporado y estaba hablando con una enfermera! Un estado de coma de doce días había terminado con sólo algunos minutos de escuchar las Sagradas Escrituras grabadas. Dios había enviado su Palabra, usando a un mensajero humano que creía en sus promesas, y la sanó.

### El factor de la adoración

En quinto lugar, para interceder por los enfermos o afligidos debemos reconocer la importancia de saturar nuestras oraciones con alabanza y adoración.

A menudo un espíritu de alabanza está vinculado con la lucha victoriosa. Cuando el pueblo de Dios estuvo bajo la amenaza de Moab y de Amón, el rey Josafat clamó a Dios pidiéndole su estrategia para la batalla. Después de un tiempo de adoración constante, Josafat le dijo al pueblo: "Oídme, Judá y moradores de Jerusalén. Creed en Jehová vuestro Dios, y estaréis seguros; creed a sus profetas, y seréis prosperados" (2 Crónicas 20:20). Entonces el rey mandó que los cantantes entraran primero en el campo de batalla. ¡Los resultados fueron espectaculares! Leemos: "Y cuando comenzaron a entonar cantos de alabanza, Jehová puso contra los hijos de Amón, de Moab y del monte de Seir, las emboscadas de ellos mismos que venían contra Judá, y se mataron los unos a los otros" (2 Crónicas 20:22).

También el salmista vinculó la adoración con la guerra: "Regocíjense los santos por su gloria, y canten aun sobre sus camas. Exalten a Dios con sus gargantas, y espadas de dos filos en sus manos, para ejecutar venganza entre las naciones, y castigo entre los pueblos; para aprisionar a sus reyes con grillos, y a sus nobles con cadenas de hierro" (Salmo 149:5-8). La victoria de Pablo y Silas en la cárcel llegó también como resultado de la oración mezclada con cantos de alabanza (Hechos 16:25-26).

Mi introducción al poder de la alabanza comenzó con un sencillo himno de adoración cantado por nuestra hija menor hace años durante un grave ataque gripal. La temperatura de Ginger era 39º y seguía subiendo cuando entré en su cuarto a orar. Se necesitaba más que una oración improvisada.

Recordando la victoria de Judá en 2 Crónicas 20:22, comencé a cantar una canción de alabanza por Ginger. Al instante se cortó la fiebre y el sudor comenzó a bañar su frente y a caer en mis manos.

Años después conté esa experiencia en la televisión. Una mujer de California oyó el testimonio apenas días antes de la fecha fijada para una operación quirúrgica a que debía someterse a causa de una afección que amenazaba su vida. En un momento crítico su temperatura comenzó a subir abruptamente. Los monitores mostraban ese y otros signos vitales. Las enfermeras y los miembros de la familia se daban cuenta del peligro.

Recordando el testimonio televisado, la mujer le preguntó a una enfermera si su familia podía cantar un canto de victoria por ella. La enfermera accedió y la familia comenzó a armonizar sus voces en alabanza.

De repente todos los ojos se fijaron en los monitores que mostraban los signos vitales de la mujer. La temperatura iba bajando grado a grado. La enfermera se quedó boquiabierta. Jamás había visto nada como eso. Cuando terminó la melodía, el termómetro marcaba casi 37º. Dios les había respondido en su cántico.

## El factor de la lucha

En sexto lugar, para interceder por los enfermos o afligidos, debemos entender y aplicar principios de lucha espiritual respecto a la afección de la persona.

Ya se ha dicho mucho en cuanto a desarrollar una estrategia de lucha en la oración. Esto se aplica sin duda cuando se ora por los enfermos o afligidos. Como intercesores que funcionan desde una posición de autoridad sentados en los lugares celestiales (Efesios 2:4-7), debemos confrontar directamente en oración la montaña de enfermedad que hay delante de nosotros (Marcos 11:23). Recordamos de nuevo la experiencia de Pedro en la oración con autoridad a la puerta la Hermosa (Hechos 3:1-6).

Pedro no le pidió a Dios que concediera un milagro. No le pidió nada a Dios. Más bien le ordenó al cojo que se levantara y anduviera. Su enfrentamiento era directamente con la enfermedad.

Observe que Pablo les dijo a los efesios que estuvieran "firmes" contra las asechanzas (artimañas) del diablo (Efesios 6:11). No hay dudas de que la enfermedad es una artimaña de nuestro enemigo para desalentarnos o derrotarnos. Como intercesores nos enfrentamos a esas artimañas mediante la lucha espiritual. Nuestra actitud no es defensiva, sino agresiva. La enfermedad es nuestro enemigo. El remedio es el nombre de Cristo. Debemos llevar el remedio al conflicto y aplicarlo mediante nuestras oraciones.

## El factor del testimonio

Por último, para interceder por los enfermos o afligidos, debemos reconocer que el supremo propósito de Dios para conceder milagros es revelarse a sí mismo. La sanidad es un testimonio a la maravilla de su persona.

Cuando Jesús y sus discípulos pasaron cerca del hombre ciego de nacimiento, como ya hemos visto, sus discípulos preguntaron: "Rabí, ¿quién pecó, éste o sus padres, para que haya nacido ciego?" (Juan 9:2). Nuestro Señor respondió: "No es que pecó éste, ni sus padres, sino para que las obras de Dios se manifiesten en él" (Juan 9:3).

La afección del hombre fue una oportunidad para que Dios revelara la plenitud de su poder. Los milagros hacen que muchos entiendan la misericordia de Dios. Recuerde que la curación del cojo a la puerta la Hermosa dio por resultado al menos cinco mil conversiones (Hechos 3:1-8; Hechos 4:4).

También en el Antiguo Testamento encontramos que el propósito de Dios al responder la oración era revelarse a sí mismo. Cuando Salomón pronunció su oración de dedicación del templo, incluyó una petición con respecto a los extranjeros. Oró así: "Y también al extranjero que no fuere de tu pueblo Israel, que hubiere venido de lejanas tierras a causa de tu gran nombre y de tu mano poderosa, y de tu brazo extendido, si viniere y orare hacia esta casa, tú oirás desde los cielos, desde el lugar de tu morada, y harás conforme a todas las cosas por las cuales hubiere clamado a ti el extranjero; para que todos los pueblos de la tierra conozcan tu nombre, y te teman . . ." (2 Crónicas 6:32-33).

Cuando Ezequías recibió cartas acusatorias del rey Senaquerib, en las que se censuraba la fe de Ezequías, el rey sencillamente extendió las cartas delante del Señor. Luego oró: "Ahora, pues, oh Jehová Dios nuestro, sálvanos, te ruego, de su mano, para que sepan todos los reinos de la tierra que sólo tú, Jehová, eres Dios" (2 Reyes 19:19). Otra vez el enfoque de la intervención milagrosa de Dios era que todos los reinos de la tierra conocieran al Señor. Conocer a Dios es el mayor milagro que resulta de nuestras oraciones de intercesión. En los primeros años de nuestro ministerio de oración de veinticuatro horas, hallé ese importante secreto en una carta de gran estímulo personal. La carta decía:

> El 29 de enero llamé a su ministerio pidiendo oración por mi hermana Mary Jane. Ella acababa de sufrir lesiones graves en un terrible accidente automovilístico. Oramos juntos y la persona con quien yo hablaba me dijo que volviera a llamar cuando ocurriera el milagro.
>
> Bueno, Mary Jane murió mientras la llevaban al hospital. Pero desde entonces han ocurrido muchos milagros. Mary Jane y su esposo habían estado orando para que el Señor los usara de la manera que Él quisiera para ayudar a la gente de su pequeño vecindario a buscar al Señor. ¡Alabado sea Dios! En el culto fúnebre de Mary Jane unas cincuenta personas respondieron a la invitación y pasaron al frente para recibir a Cristo. Se han consagrado varios primos, y parece estar mejorando una mala relación de largos años entre nuestra madre y su cuñada. ¡Alabado sea el Señor! Claro que nos causa dolor la ausencia de

```
Mary, pero sus cinco hijos
siguen al Señor, y parece que
les va bien. Estoy segura de que
ocurrirán más milagros. Gracias
por sus oraciones.
```

¿Sería acaso la partida de Mary rumbo al cielo el verdadero milagro en la batalla por su sanidad? Cincuenta personas conocieron a Cristo en su culto fúnebre. Esos amigos y seres queridos vieron el milagro que hizo Cristo en la vida de Mary Jane, y en esa tragedia comprendieron que también necesitaban lo que ella había descubierto. Lo que originalmente pareció la derrota de una intercesora fue una victoria cincuenta veces más gloriosa. Mary Jane no lo hubiera querido de otra manera.

# 12

# ORACIÓN POR LA FAMILIA

## *Domingo: Pautas de oración para hogares saludables*

Desperté lentamente ante los ademanes de la mano de mi esposa. Pude oír a Dee refunfuñando: "¿Quién pudiera ser a esta hora?"

Fue antes de las siete de la mañana del sábado. Nuestra hija mayor Dena, que entonces tenía seis años, había invitado a su amiga Sara, que vivía en la casa de al lado, a que pasara la noche en casa.

Tratando de despabilarme, abrí la puerta y me encontré con Julie, hermana de Sara, que tenía entonces nueve años y era la mayor de cinco hermanas. Julie había estado llorando. Preguntó si su hermana ya estaba despierta, y le dije que Sara estaba dormida en el cuarto de Dena. Mientras se enjugaba las lágrimas, Julie insistía en que Sara volviera a casa en seguida, porque era muy importante.

Desperté a Sara y en pocos minutos se fue a su casa. No recibimos ninguna explicación por lo sucedido, y tanto Dee como yo nos preguntamos si había ocurrido alguna tragedia.

Dos horas después, alrededor de las nueve, se escuchó otro toque en la puerta. Sara había vuelto para llevarse algunos de los efectos personales que había dejado en su salida apresurada. Ahora Dena estaba despierta y pude oír a las dos niñas de seis años conversando.

— ¿Por qué tuviste que salir tan temprano? — le preguntó Dena.

— Mi papito tenía que conversar con nosotras esta mañana — respondió Sara —. Él nos pidió que nos sentáramos todas de modo que pudiera decirnos algo penoso.

La voz de Sara se quebró, y sonaba como si estuviera conteniendo las lágrimas.

— Papito nos dijo que iba a irse de casa esta mañana, porque ya no quiere a mamita.

Procurando defender a su padre de la mejor manera posible, Sara añadió rápidamente:

— Pero, Dena, no te preocupes por nosotras. Él prometió que jamás dejaría de amarnos. Lo único que pasa es que ya no ama a mamita.

Al decir eso, ambas niñas comenzaron a llorar. Casi se podía leer la mente de Sara: "Si en realidad papito amó antes a mamita, y ahora está dejando de amarla, ¿cómo puedo estar segura de que me cumplirá su promesa?"

La oración era la única esperanza para sanar

aquel hogar. La Biblia nos asegura la victoria si oramos en la voluntad de Dios (1 Juan 5:14-15) y yo sabía que Dios desea que las familias permanezcan unidas. Tan seguro como que sé quién soy, sabía que Dios quería que sus hijas fueran criadas por una mamá y un papá que se amaran mutuamente. Así que comencé a orar.

Para el martes siguiente un extraño denuedo saturaba mis oraciones. Sentí de repente como si estuviera enfrentándome a un espíritu de lascivia que Satanás había usado a fin de engañar a ese esposo para que deseara a una mujer que no era su esposa. Una oración extraña salió de mis labios. Le ordené al hombre que se enfermara del estómago, en ese preciso instante, mientras se enfrentaba a la realidad de su pecado. Recuerdo que dije con vigor: "¡Que lo que has hecho te dé asco! ¡Lo pido en el nombre de Cristo!"

Sinceramente, no podía creer que esas palabras hubieran salido de mis labios. Pero aún así sabía que el Espíritu Santo estaba guiando mi oración.

La confirmación llegó el sábado siguiente cuando hablé con la joven madre por encima de la cerca del fondo. Su rostro estaba radiante.

— ¡Dick, tengo buenas noticias! Bob llamó ayer por primera vez desde que se fue. Está ocurriendo algo extraño. No puedo decir que haya habido un cambio total, pero él sí me dijo que se ha estado sintiendo raro.

— ¿Qué quiere decir con 'sentirse raro'?

— Bueno, el miércoles pasado Bob decidió

ir a ver a un psicólogo para pedirle consejo — explicó ella —. Dijo que comenzó a sentirse culpable el martes por la tarde al pensar en nuestras niñas que no tenían un papito. Eso afectó tanto su estómago que sintió asco y como que iba a vomitar.

El milagro completo iba a llevar algunos días más. Para la semana siguiente, regresó Bob y las niñas tuvieron a su papito en casa.

## La familia que ora

¡La oración transforma los hogares! La mayoría de los creyentes estarían de acuerdo con eso. Sin embargo, cuando se trata de convertir esa creencia en realidad, la iglesia es tristemente insuficiente.

Cuando comencé a elaborar una enseñanza sobre la intercesión *para* (y *en*) la familia, fui a nuestra bien surtida librería cristiana local. Andaba en busca de títulos relacionados con la oración como familia o la oración por las familias. Hallé un sinnúmero de libros sobre temas relacionados con la familia; sin embargo, me sentí desalentado al no encontrar nada que hiciera énfasis en la oración en o para la familia.

Por ejemplo, vi un libro que trataba sobre cómo criar buenos muchachos. De seguro que éste incluiría un capítulo sobre la oración. Después de todo, ¿cómo podemos criar buenos muchachos sin oración? Pero no se incluía nada en cuanto a este importante asunto. Otro libro trataba sobre cómo amar de veras a los hijos. Pensé que sin duda allí debía estar incluida la oración;

pero una vez se había pasado por alto. Había un libro que trataba sobre cómo enseñarles a los hijos a administrar el dinero. Estaba seguro de que tocaría el tema de la oración, ya que la mayordomía y la oración van de las manos. Pero tampoco mencionaba la oración. Incluso encontré una obra sobre la crianza de niños espiritualmente sensibles, convencido de que incluiría un capítulo sobre la oración. Una vez más se había pasado por alto la oración.

Sólo más tarde leería *La familia cristiana* de Larry Christensen, y con júbilo encontraría un capítulo acerca del sacerdocio de los padres, en el cual se analizaba la importancia de la oración.

No pude eludir la importancia, sin embargo, de tantos libros sobre el tema del enriquecimiento de la vida familiar en los que, en su mayor parte, la oración fue totalmente pasada por alto o mencionada sólo de pasada. ¿No merecía un tratamiento mejor un tema tan fundamental?

## Una piedra de recordación

Recordamos la disposición de Josué en cuanto al bienestar espiritual de su familia cuando se presentó delante del pueblo de Dios y dijo: "Escogeos hoy a quién sirváis; si a los dioses a quienes sirvieron vuestros padres, cuando estuvieron al otro lado del río, o a los dioses de los amorreos en cuya tierra habitáis; pero yo y mi casa serviremos a Jehová" (Josué 24:15).

Josué confirmó esas palabras colocando una piedra de recordación, sobre la cual le dijo a todo el pueblo: "He aquí esta piedra nos servirá de testigo, porque ella ha oído todas las palabras que Jehová nos ha hablado; será, pues, testigo contra vosotros, para que no mintáis contra vuestro Dios" (Josué 24:27).

En el jardín del frente de nuestra casa en California hay una gran piedra sobre la cual he dicho esas mismas palabras. Inspirado por un mensaje de mi pastor, Jack Hayford, me presenté delante de esa piedra y dije en voz alta: "Yo y mi casa serviremos al Señor."

Reflexionando en esa disposición, comprendí cuán esencial es la oración para el que Dios ha nombrado jefe de familia. Una falta de oración por parte del jefe de familia por último disminuirá la capacidad de esa persona para tomar decisiones prudentes, y sufrirá toda la familia.

Más tarde leí las palabras del salmista que a menudo se citan cuando se están construyendo nuevos templos: "Si Jehová no edificare la casa, en vano trabajan los que la edifican" (Salmo 127:1). El contexto de este salmo trata sobre la familia. Los versículos subsiguientes dicen: "He aquí, herencia de Jehová son los hijos; cosa de estima el fruto del vientre. Como saetas en mano del valiente, así son los hijos habidos en la juventud" (Salmo 127:3-4). Sencillamente, cuando el salmista habla de edificar una casa, está describiendo el establecimiento de una familia saludable.

También otros mandatos bíblicos se concentran en el bienestar espiritual de la familia. Respecto a las lecciones que Israel aprendió en su peregrinación por el desierto, Moisés dijo:

"Por tanto, guárdate, y guarda tu alma con diligencia, para que no te olvides de las cosas que tus ojos han visto, ni se aparten de tu corazón todos los días de tu vida; antes bien, las enseñarás a tus hijos, y a los hijos de tus hijos" (Deuteronomio 4:9). El autor de Proverbios aconseja: "Instruye al niño en su camino, y aun cuando fuere viejo no se apartará de él" (Proverbios 22:6). Sin duda que la oración debe estar en el centro de la enseñanza de la senda recta a un niño.

A los efesios, Pablo les escribiría después: "Y vosotros, padres, no provoquéis a ira a vuestros hijos, sino criadlos en disciplina y amonestación del Señor" (Efesios 6:4). Resulta interesante que ¡esas palabras sobre la salud familiar anteceden al más profundo análisis bíblico de la lucha espiritual (Efesios 6:10-18)!

Como la oración es tan fundamental para transmitir consejos piadosos y disciplina amorosa, consideremos más minuciosamente varias sugerencias para establecer una familia que ora.

## La oración en la familia

"De tal palo tal astilla" es un refrán muy elocuente cuando se trata de la oración. ¿Están nuestros hijos aprendiendo la importancia de la oración *con nuestro ejemplo*?

Considere el ejemplo de Abraham (Génesis 18:16-22). El patriarca habla con los ángeles que le revelan su misión de destruir Sodoma y Gomorra por causa del pecado en esas ciudades. El pasaje dice:

> Y los varones se levantaron de allí, y miraron hacia Sodoma, y Abraham iba con ellos acompañándolos. Y Jehová dijo: ¿Encubriré yo a Abraham lo que voy a hacer, habiendo de ser Abraham una nación grande y fuerte, y habiendo de ser benditas en él todas las naciones de la tierra? Porque yo sé que mandará a sus hijos y a su casa después de sí, que guarden el camino de Jehová, haciendo justicia y juicio, para que haga venir Jehová sobre Abraham lo que ha hablado acerca de él.
>
> Génesis 18:16-19

La confianza del Señor en el talento de Abraham para administrar su familia se revela en esta frase: "Porque yo sé que . . ." Abraham sentó ejemplo de alguien que buscó a Dios. Repetidas veces vemos a Abraham levantando altares al Señor como centros para la adoración.

¿Ven nuestros hijos esa virtud en nosotros? Si no, pudieran ser útiles las sugerencias siguientes.

En primer lugar, *se ha de crear un ambiente de oración en el hogar*. Eso comienza al informarle a su familia la importancia de la oración. Durante los primeros años de su vida, nuestras hijas veían siempre a Dee leyendo la Biblia cuando llegaban a desayunar al comedor. Tal vez algo insignificante, pero esencial. Mostraba la importancia del alimento espiritual.

También se ha de llevar la oración a las actividades familiares, tales como cuando se sale de viaje o se hacen otros planes para la familia. La oración es apropiada cuando se castiga a los hijos. Cuando castigaba a cualquiera de nuestras hijas en los primeros años de su vida, siempre les aseguraba que el castigo no era porque yo no las amara. Luego abrazaba a la niña mientras hacíamos una breve oración de sensible dependencia del Espíritu Santo para que nos ayudara a vivir mejor.

En segundo lugar, *se ha de crear un lugar de oración en el hogar.* Le llamo a tal lugar en nuestro hogar la "brecha", basándome en el mensaje de Dios en los tiempos de Ezequiel: "Y busqué entre ellos hombre que hiciese vallado y que se pusiese en la brecha delante de mí, a favor de la tierra, para que yo no la destruyese; y no lo hallé" (Ezequiel 22:30).

Una "brecha" es un lugar para los momentos de oración y devoción de la familia. Pudiera estar ubicado en un gran clóset, una habitación que no se usa, o incluso un cuarto de herramientas en el traspatio. Nuestra "brecha" familiar comenzó con un pequeño cuarto de aluminio de menos de diez pies cuadrados. Todo el costo, con el entablado de madera, alfombra y calefacción eléctrica, era mucho menos de lo que muchas familias gastan en recreación y gastos imprevistos durante algunos meses en un año.

Una "brecha" familiar debe ministrar a toda la familia. Tal vez quiera comprar libros que sirvan de inspiración espiritual y sean apropiados para miembros de la familia de diferentes edades. Un periódico mural poco costoso puede mostrar peticiones de oración de misioneros o ministerios evangelísticos como *Cada hogar para Cristo*. El mapa de oración mundial de *CHC* sería especialmente útil. Un mapa mundial puesto en una pared puede dar un amplio ambiente global. En una agencia de viajes se pudieran conseguir carteles pintorescos de lugares exóticos.

Sea creativo en su planificación y el resultado será un lugar especial de oración.

En tercer lugar, *se ha de crear un programa de oración en el hogar*. Pídale al Espíritu Santo que le revele un plan sencillo para desarrollar una estrategia de oración diaria que pueda usar con su familia. Por ejemplo, tal vez quiera adoptar los siete enfoques de la oración (uno para cada día de la semana), como se esbozaron en los capítulos anteriores de este libro. Con un poco de facultad creadora, todos esos siete enfoques, entre ellos el enfoque familiar, se pueden adaptar a grupos de cualquier edad.

## La oración por su familia

Dos pasajes bíblicos proporcionan los modelos de la oración diaria en la familia. Uno se refiere al rey David, mientras que el otro se refiere a nuestro Rey de reyes, Jesucristo.

En la oración de David pidiendo perdón encontramos nuestro primer modelo: "Crea en mí, oh Dios, un corazón limpio, y renueva un espíritu recto dentro de mí. No me eches de delante de ti, y no quites de mí tu santo Espíritu" (Salmo 51:10-11).

Nuestro segundo modelo surge de la descripción neotestamentaria que Lucas hace de los primeros años de vida de nuestro Señor. Lucas escribió: "Y Jesús crecía en sabiduría y en estatura, y en gracia para con Dios y los hombres" (Lucas 2:52).

Mientras crecían nuestras hijas a menudo empleé esos dos pasajes en la oración diaria como un recordatorio de las necesidades espirituales y materiales de nuestra familia. Comenzaba pidiendo un corazón limpio, siguiendo la súplica de David. Luego oraba por un espíritu de pureza que penetrara en toda mi familia. Después pedía que el Señor renovara un "espíritu recto" dentro de mí, y que pasara también esa virtud a toda la familia. Pedía una revelación especial de la presencia de Dios para cada miembro de nuestra familia cuando comenzábamos las actividades del día. (Por supuesto, yo estaba pidiéndole más un *reconocimiento* de su presencia que pidiéndole que hiciera algo que no estaba dispuesto a hacer. Dios está con nosotros ya sea que nos demos cuenta o no, pero el reconocer nuestra dependencia de Él a menudo resulta en bendiciones que de otro modo no experimentaríamos.) Y por último oraba como David: "No quites de mí tu santo Espíritu", pidiendo una unción especial del Espíritu Santo para cada uno de nosotros a fin de que lleváramos una vida que agradara a Cristo.

Al pensar en la descripción que Lucas hace de

los primeros años de Cristo, surgió una cuádruple pauta de oración para nuestras hijas.

En primer lugar, oraba por *el desarrollo espiritual* de ellas. Lucas mencionó el crecimiento de Jesús "en gracia para con Dios", una referencia al desarrollo espiritual de nuestro Señor. Aunque nacido sin pecado, Jesús tuvo que pasar tiempo en oración y en el estudio de las Sagradas Escrituras. Años después, Él se enfrentaría a Satanás en el desierto citando sólo el pasaje bíblico preciso para cada tentación. Eso no fue porque Jesús estuviera programado desde la eternidad para que conociera las Escrituras, sino porque estudió las Escrituras cuando era joven. Recuerde que, cuando Cristo vivió en la tierra, fue un hombre sometido a todas las luchas que cada uno de nosotros debe enfrentar, y tuvo que madurar espiritualmente para enfrentarse a esas tentaciones sin llegar a pecar.

En segundo lugar, oraba por *el desarrollo físico* de nuestras hijas. Jesús no sólo creció en gracia para con Dios sino también "en estatura". Este enfoque me permitió concentrar un momento de oración en el desarrollo físico de mi familia, en especial sanos hábitos alimentarios y un juicioso cuidado de nuestro "templo" físico. Mis continuas excursiones a los campos de tenis con nuestras hijas antes de su adolescencia no fue más que un resultado de esa oración. Dio por resultado que las dos sobresalieran en ese deporte durante sus cuatro años de segunda enseñanza. Durante ese enfoque de desarrollo físico también pedía la salud física para cada una de nuestras hijas.

En tercer lugar, oraba por su *desarrollo intelectual*. Lucas nos dice que Jesús crecía en sabiduría. Yo le pedía a Dios que ayudara a nuestras hijas a aprender a emplear con sabiduría sus aptitudes mentales. Pedía por sus calificaciones en la escuela y que Dios las dirigiera en la elección de las asignaturas que mejor se ajustaran a su campo de servicio al que finalmente Él las guiara.

Por último, oraba por el *desarrollo social* de las niñas. Cuando la Biblia nos dice que Jesús crecía en gracia para con los hombres, quiere decir que se había ganado el respeto de quienes lo rodeaban. Él no era un inútil social. Era la esencia de la espiritualidad pero nunca fue religiosamente ofensivo. Basado en el ejemplo de Cristo, le pedí a Dios que les diera a nuestras hijas un buen equilibrio en sus relaciones sociales. También pedí por los amigos que nuestras hijas escogieran, y por la capacidad de las niñas para darse cuenta de las amistades peligrosas.

Mientras desarrollaba esas sencillas formas de oración, recordé reiteradamente que no hay regalo más grande que un padre (o un abuelo o nieto) pueda dar a un hijo que el orar por él. Como dijera el célebre maestro bíblico noruego Profesor Halesby: "Mi amigo, si usted no puede dejarles a sus hijos una herencia en forma de bienes, no se preocupe. Y no se desespere tanto, ya sea física o espiritualmente, por acumular gran cantidad de bienes raíces para sus hijos.

Pero ocúpese, día y noche, de orar por ellos. Así les dejará una gran herencia de respuestas a la oración, que los seguirá todos los días de su vida."

**La oración como familia**

Cristo se refirió a la importancia del pequeño grupo de oración: "Otra vez os digo, que si dos de vosotros se pusieren de acuerdo en la tierra acerca de cualquiera cosa que pidieren, les será hecho por mi Padre que está en los cielos. Porque donde están dos o tres congregados en mi nombre, allí estoy yo en medio de ellos" (Mateo 18:19-20).

Tal vez sea la familia el más natural de todos los pequeños grupos. ¿En qué otra parte tenemos una oportunidad igual para un pequeño grupo de oración que puede reunirse de manera regular?

Pero para hacer eso de modo significativo necesitamos un plan básico. He aquí una pauta de oración familiar que usted pudiera encontrar útil:

En primer lugar, comience con *un enfoque en la adoración*. La adoración es el meollo de una experiencia de oración robusta. La adoración incluye todos los aspectos de la oración que se concentran en la naturaleza y el carácter de Dios. Aquí pudiera incluirse la alabanza, la acción de gracias e incluso el canto.

En segundo lugar, incluya *un enfoque en la Palabra*. Pablo le dijo a Timoteo: "Desde la niñez has sabido las Sagradas Escrituras, las cuales te pueden hacer sabio para la salvación por la fe que es en Cristo Jesús" (2 Timoteo 3:15). Alguien dedicó tiempo a sembrar la Palabra de Dios en el corazón de Timoteo mientras era todavía muy joven. Consideremos lo que le escribió Pablo: "Doy gracias a Dios . . . trayendo a la memoria la fe no fingida que hay en ti, la cual habitó primero en tu abuela Loida, y en tu madre Eunice . . ." (2 Timoteo 1:3,5). Parece que fueron la madre y la abuela del joven Timoteo quienes enseñaron la Palabra de Dios a ese futuro guerrero.

Nunca se sabe al plantar la Palabra de Dios en el corazón de un niño hasta qué punto Dios usará algún día esas semillas para transformar a las naciones.

Tal vez desee usar un clásico manual devocional como *Manantiales en el desierto*. Para los niños más pequeños puede usar libros ilustrados. Otro posible plan es el estudio sistemático de la Palabra de Dios por el autor como se presenta en el libro *La Universidad de la Palabra* (Editorial Vida, 1986). Como en este estudio se ponen de relieve doce principios bíblicos diferentes, los conceptos pueden volverse un enfoque devocional de la familia para doce meses. Cada mes el enfoque sería un principio diferente del desarrollo espiritual.

En tercer lugar, siguiendo sus importantes enfoques en la adoración y en la Palabra, concluya con *un enfoque mundial*, intercediendo por un mundo perdido y necesitado. Tal vez usted quiera seguir la pauta de Hechos 1:8, que se refiere a los creyentes que recibieron poder después que fueron tocados por el Espíritu de Dios. Como resultado, llegaron a ser testigos de Cristo en "Jerusalén . . . Judea, en Samaria, y hasta lo último de la tierra" (Hechos 1:8).

Aquí encontramos un excelente triple plan de oración para el altar familiar. En primer lugar, *oramos por nuestra Jerusalén.* Esto atañe a las necesidades locales, tales como la de nuestro vecindario y nuestra ciudad. En segundo lugar, *oramos por nuestra Judea y Samaria.* Eso abarca nuestro estado (o, en algunos países, nuestra provincia o departamento) y nuestra nación. En tercer lugar, *oramos por lo último de la tierra* que abarca las naciones que nunca han sido evangelizadas por completo.

# 13

# EL CONFLICTO DEL ALMA

## *Asumiendo la autoridad contra las tinieblas espirituales*

En el último capítulo me referí a un lugar de intercesión familiar al que llamo la "brecha", en nuestro caso el cuarto de herramientas en el traspatio dedicado a la oración. La idea de la brecha como un lugar para la intercesión familiar y personal surgió a fines de la década de los años sesenta durante el movimiento de los *hippies*.

Había un peligro muy real de que la juventud de nuestra propia iglesia cayera en semejantes estilos de vida, y eso me preocupaba. Los jóvenes estaban en serio peligro a menos que se les enseñara la importancia de la oración.

Así que comencé a planear retiros de oración de fines de semana en las cercanas montañas de Sierra Nevada, específicamente para los jovencitos de nuestra iglesia. En el primer retiro hubo veintidós participantes. Todos éramos inexpertos en sesiones prolongadas de oración. Ni uno solo de nosotros, por ejemplo, sabía orar toda una noche y, para ser sincero, todos estábamos a punto de rendirnos después de menos de una hora.

Entonces el participante más joven, de trece años de edad, nos pidió que comenzáramos a orar de una manera diferente, como guerreros. Él se veía a sí mismo y veía a sus amigos como que luchaban contra las tinieblas del estilo de vida de alcohol, sexo y drogas de las viviendas colectivas de los *hippies*, y nos pidió que lo ayudáramos toda la noche a "luchar contra el diablo". Ese joven tenía lágrimas en los ojos cuando hablaba, y todos estuvieron de acuerdo en ir a la guerra junto con él.

A eso de las tres de la madrugada un espíritu de quebrantamiento se había asentado sobre nuestra casa de retiro. La habitación estaba calurosamente iluminada por un resplandor de los troncos que ardían en una gran chimenea, pero también por un fuego que ardía dentro de los jóvenes mismos. Todos comenzamos a llorar y a clamar. Una estudiante de diecisiete años estaba postrada en medio de la habitación llorando por los jóvenes de California que estaban dominados por los drogas.

Yo estaba presenciando lo que nuestros antepasados llamaban un "espíritu de congoja", una frase relacionada con la frase *dolores de parto*, como cuando una mujer da a luz.

Claro está que prosperaron los retiros de intercesión de nuestra iglesia, hasta que estuvieron participando ciento setenta y cinco jóvenes. Un año después se inició el Movimiento de Jesús en muchas partes de California. Por lo menos ochocientos mil jóvenes encontraron a Cristo en aquellos días emocionantes.

En medio de todo eso, estaba ocurriendo algo en lo profundo de mi propia vida. Dios estaba poniendo en mi corazón un deseo vivo de recibir más de Él, un anhelo que iba a transformar mi vida un miércoles por la noche en 1971.

Aquella noche llegué a la iglesia hora y media antes de nuestra reunión juvenil regular de mediados de semana de oración intercesora. Avancé hasta un cuarto de almacenamiento que hay detrás de la plataforma de nuestra iglesia donde a menudo yo iba en busca de un lugar tranquilo para orar. Escondido entre las cajas de vestuarios y decorados para dramas de Navidad y Semana Santa, comencé a pedirle al Señor un derramamiento de su Espíritu sobre la juventud de nuestra iglesia.

Al principio no ocurrió nada fuera de lo común. Luego, sin pensarlo mucho, le hice a Dios una pregunta sencilla y directa. El oír su voz en mi corazón fue una experiencia totalmente nueva, pero aquella noche yo sabía que estaba esperando una respuesta.

"¿Qué quieres que haga con mi vida?", le pregunté al Señor.

Oí de repente la más asombrosas de las respuestas. Las palabras fueron sorprendentemente claras: *Como me lo has preguntado esta noche, te lo diré esta noche.*

Jamás había oído al Señor hablar con tanta claridad. Comencé a llorar mientras esperaba lo que había de seguir.

La respuesta no llegó como una voz sino como un cuadro animado, con movimiento. Vi un ejército del pueblo de Dios en marcha. Era un espectáculo extraordinario. El ejército, de seis a ocho soldados en cada escuadra, se extendía tan lejos como el ojo podía ver. Formaba una inmensa columna que parecía no tener fin.

"¿Quiénes son esas personas, Señor — exclamé —, y adónde van?"

Siguió una respuesta silenciosa: *Este es un ejército de intercesores que transformará al mundo. Te pido que ayudes a movilizar este ejército.*

El cuadro cambió antes que yo pudiera responder. Me quedé contemplando una gran mansión de estructura blanca. Entrando y saliendo del edificio había jóvenes de aspecto sano que llevaban Biblias, algo raro en una época en que había viviendas colectivas de *hippies* por todas partes y en que era común ver a jóvenes de pelo largo viviendo juntos.

*Éstos residen en una casa de oración*, me dijo el Señor.

Cada joven se había comprometido a dar un importante "regalo de tiempo" para la oración intercesora. Algunos estaban allí durante un verano, la mayoría durante todo un año.

Entonces el Señor me llevó adentro del edificio. Había un gran rótulo en la puerta que estaba a mi derecha a la entrada. El rótulo estaba pintado a mano, como si fuera por uno de los jóvenes, y citaba un pasaje de Ezequiel: "Y busqué entre ellos hombre que hiciese vallado y que se pusiese en la brecha delante de mí, a favor de la tierra . . ." (Ezequiel 22:30). Encima del texto bíblico estaban las palabras *La brecha*.

Se abrió lentamente la puerta. Al mirar dentro de esa habitación denominada "La brecha" vi a una joven, tal vez de diecinueve años de edad. Llevaba largo cabello castaño y espejuelos de armadura plateada, y estaba arrodillada delante de una mesita redonda sobre la cual descansaba un globo terráqueo. Mientras la observaba, ella levantó el globo algunas pulgadas de la mesa y comenzó a llorar.

Entonces un joven entró en la "brecha" y la jovencita le pasó la carga a él. Después de un rato también éste le pasó a otro el globo terráqueo. Eso continuó mientras yo observaba en silencio.

"Señor, esto es hermoso", dije suavemente.

Él respondió con la exhortación: *Quiero que hagas realidad exactamente lo que has visto aquí.*

Había terminado la visión. Allí, en el cuarto de almacenamiento detrás de la plataforma de nuestra iglesia, oí que nuestros jóvenes comenzaban a llegar para la reunión de la noche.

Aquella noche les conté la visión a nuestros jóvenes. Hubo un entusiasmo extraordinario y los jóvenes me aseguraron que estaban dispuestos a contribuir para hacer realidad mi visión. Supe aquella noche que Dios quería que yo buscara el edificio de estructura blanca y lo convirtiera en un centro de oración.

Seis meses después Dios nos dio nuestra primera "casa de oración" en Sacramento, California. Cinco años después Dios me dio a cien jóvenes, cada uno dedicado a un año de intercesión. Se sostenían a sí mismos al "orar por" los recursos económicos que nos ayudaban a continuar nuestro ministerio. De esas cincuenta mil horas continuas de oración, día y noche, incluso días feriados, Dios dio origen al adiestramiento de oración que finalmente alcanzó a más de un millón de creyentes en más de ciento veinte países del mundo.

Todo comenzó cuando un centenar de jóvenes se entregó a la oración durante un año. Más tarde, cuando se me preguntaba cómo comenzó mi ministerio de oración, podía decir: "Comenzó con un siglo de oración." Cien jóvenes que consagraron un año de su vida equivalía a todo un siglo de oración.

### Transformando nuestro mundo

Una segunda visión impresionante ocurrió nueve años después. Para entonces la primera visión se había hecho realidad. Dios nos había dado nuestro centro de oración, y habían surgido millares de "brechas" más en casas e iglesias en todo el mundo, a menudo en circunstancias inusitadas. Una maestra luterana de párvulos edificó una "brecha" como si fuera el arca de Noé. Allí sus alumnos preescolares iban a orar durante treinta minutos cada día. A menudo era difícil lograr que los niños terminaran de orar. Ellos habían descubierto que la oración puede ser algo divertido.

Años después visité una iglesia en Malasia que había llegado a casi cinco mil miembros en menos de ocho años. Esa iglesia, floreciente en un país donde la ley prohíbe que se le hable de Cristo a un musulmán, tenía un centro a donde los intercesores iban durante varios días a concentrarse en la oración. Al entrar en el centro observé que cada puerta llevaba a un cuarto de oración que tenía un rótulo similar al que había visto en mi visión. Más tarde me enteré de que un hermano de Nueva Zelanda estaba presentando nuestra visión en todas partes. Él había pasado por la región varios años antes.

A medida que pasaron los años y el ejército comenzó a crecer, Dios abrió las puertas para que yo llevara esa visión de la oración a muchas naciones mediante el ministerio de *Campaña mundial de literatura*, ahora llamado *Cada hogar para Cristo*. El fundador, doctor Jack McAlister, al enterarse de nuestro ministerio de oración y creyendo que la oración es esencial para la definitiva evangelización del mundo, me pidió que me uniera a su grupo para elaborar el adiestramiento de oración para creyentes de todas las denominaciones.

Sin saber que algún día yo sería el presidente internacional de *Cada hogar para Cristo*, me uní al ministerio y desarrollé *Escuela de oración para cambiar el mundo*, que fue (y sigue siendo) un curso de adiestramiento ideado para fortalecer a los creyentes en sus hábitos devocionales diarios y prepararlos para que oren eficazmente por la evangelización mundial. Un aspecto importante del adiestramiento es la exhortación a los creyentes a que consideren el darle a Dios un regalo de una hora diaria de oración. Basados en la pregunta de Cristo a Pedro — "¿No has podido velar una hora?" —, se han comprometido más de doscientos mil creyentes. Millares más han estado de acuerdo en invertir quince o treinta minutos al día.

Pero cuando el ejército comenzó a crecer, me interesé cada vez más en cuanto a concentrar todo el vigor de esa oración en lo que diera más gloria a Cristo. La oración, después de todo, no se da como un medio para obtener más placer material o espiritual, aunque sí resultan bendiciones personales de una experiencia de oración robusta. Más bien, la oración es el supremo don de Dios para ayudar a la iglesia en el establecimiento de su reino en toda la tierra.

A medida que proseguí mi investigación bíblica en cuanto a la importancia de la oración, llegué a convencerme de que los creyentes participan en una guerra espiritual que debe librarse según los principios bíblicos. Al igual que Satanás tiene un orden establecido en el reino invisible, así los creyentes deben desarrollar una estrategia para combatir eficientemente contra esas fuerzas. Cuanto más viajaba, tanto más convencido estaba de que cada región del mundo tiene un espíritu dominante que gobierna sobre ella. Resultaba evidente que algo debía desarrollarse a fin de contener esas fuerzas.

¿Cuál es el contexto de la segunda visión importante de mi vida? Ocurrió después de varios días de ayuno y oración durante un viaje a Michigan. Mi tiempo devocional en el cuarto del hotel junto al lago Michigan comenzó muy parecido al de cualquier otro día. Había llegado a los últimos capítulos del libro de Apocalipsis en mi lectura bíblica diaria, y al detenerme a meditar sobre la naturaleza literal del libro de la vida del Cordero, de repente sentí el anhelo de orar por nombres *que estaban aún por añadirse* al más extraordinario de los registros celestiales. Y solté abruptamente una oración inusitada.

"Señor, permíteme participar en un movimiento que añada más nombres al libro de la vida que los que se hayan añadido en toda la historia."

Fue una oración valiente, en realidad, pero por alguna razón sentí que el Espíritu Santo me había guiado a decir las palabras. Se me salían las lágrimas cuando me puse de pie y caminé hasta la ventana de mi cuarto del hotel. Delante de mí estaba la vasta extensión del lago Michigan tendido serenamente como una gigante capa de cristal. Cuando los rayos del sol brillaron sobre el lago, vi millones de minúsculos y diamantinos destellos de luz que danzaban a lo lejos. Me recordó la descripción en Apocalipsis de la multitud de la humanidad redimida que algún día estará de pie sobre un mar de vidrio (Apocalipsis 15:2). Entonces recordé la promesa de que las almas lavadas con la sangre del Cordero saldrían de todo linaje y lengua y pueblo y nación (Apocalipsis 5:9). Me convencí de que Dios había señalado el momento de revelarme la misión de los intercesores en la evangelización mundial.

Alzando con expectación el rostro, tuve la segunda visión que haría tanto impacto en mi ministerio.

Delante de mí, en un gran estadio, estaba de pie una multitud que representaba a grupos de todas las edades. Me di cuenta de que todas las personas que estaban en el estadio eran intercesores consagrados. Cada una tenía una página con una lista de nombres.

Me preguntaba qué simbolizaban esos nombres, y por qué todos los que estaban en la gran reunión de los creyentes tenían una lista personal.

De repente mi atención fue en dirección opuesta. Allí vi un trono y a un ángel que tenía un libro enorme. Mientras yo observaba, cada intercesor llegó al trono y presentó su lista de nombres.

Una anciana atrajo mi atención. Parecía tener más de setenta años de edad. Sin embargo, aunque su rostro estaba arrugado y su cabello encanecido, rebosaba de la alegría de Cristo.

Pronto también ella estaba de pie delante del ángel presentando su lista de nombres. Cuando el ángel comenzó a anotar los nombres en el gran libro, le pregunté al Señor qué significaba todo eso.

"Estos son los nombres de las almas que estos guerreros ayudaron a traer a un conocimiento de mi salvación."

"¿Dónde consiguieron los intercesores esos nombres?", pregunté en oración.

"Ven y te lo mostraré", fue la respuesta.

Al decirme eso, vi a aquella santa anciana, de rodillas, volando velozmente por los lugares celestiales. Fue un extraño espectáculo. En mi espíritu sabía que ella estaba entrando en un nivel de lucha que yo nunca había visto, y que estaba volando miles de kilómetros. En un instante descendió hasta flotar sobre una aldea que me pareció que era en la India, aunque nunca había estado allí. Me atrajo la atención una choza que parecía ser el enfoque de la intercesión de la santa.

La choza era humilde, incluso para los niveles de la aldea. Dentro había una mesita, una silla y una cama. Su único ocupante era un hombre de edad madura que parecía ser de descendencia india, lo más probable un hindú.

Mientras la intercesora seguía en oración sobre la choza, observé que, aun cuando brillaba el sol, la choza estaba oscura.

Entonces presté atención al movimiento en la aldea. Un hombre estaba distribuyendo folletos evangelísticos. Se detuvo ante la choza y tocó suavemente. Cuando el que estaba dentro abrió la puerta, el obrero cristiano le entregó un folleto evangélico.

Durante todo ese tiempo la santa anciana

permaneció inmóvil en los lugares celestiales como si esperara algo.

Después de cerrar la puerta, el hindú leyó algunas frases que le hablaban de un amoroso Padre celestial que vino a la tierra en forma de hombre, el Hijo unigénito de Dios, un concepto fuera del alcance de la comprensión hindú. Él creía que había muchos dioses, tal vez millones. Un mono, una vaca o una serpiente podía ser un dios. Incluso un árbol podía ser objeto de adoración. *Un Dios, un Hijo* —pensó él—. *Es un disparate*. Tiró el folleto encima de la mesa. Parecía que la oscuridad de la habitación impedía su comprensión de la verdad.

El rechazo del mensaje por parte del hombre parecía ser la clave que la intercesora estaba esperando. Ella se lanzó a la oscuridad, a través del techo de la choza, cayendo de rodillas. El hindú no supo que ella estaba allí.

Extendiendo las manos a lo largo del piso, con las palmas hacia arriba, la anciana parecía estar levantando algo. Entonces comprendí lo que ella estaba haciendo. ¡Estaba levantando las tinieblas en la habitación! Cuanto más ella oraba, tanto más se movían las tinieblas. Cuando ella la había levantado lo bastante alto, se puso lentamente de pie y comenzó a empujar las tinieblas hacia el techo algunas pulgadas a la vez, manteniéndose en cuclillas y mientras continuaba su intercesión. En poco tiempo había empujado las tinieblas que estaban sobre el hombre y seguía de pie con las manos extendidas todo lo que podía, luchando todo ese tiempo contra las tinieblas satánicas.

En el mismo momento en que las tinieblas se elevaban sobre la cabeza del hombre, éste volvió otra vez a la mesa, fijando resueltamente la mirada en el mensaje que antes había rechazado. Ahora había un aire distinto en su rostro, un aire de añoranza.

Fue hasta la mesa y tomó el folleto en la mano. Yo podía oír sus pensamientos mientras él leía lentamente las primeras palabras por segunda vez. *Tal vez fui impaciente al rechazar ese mensaje*, pensó él. Cuando leyó de nuevo las afirmaciones de Cristo, ocurrió algo asombroso. Alzó el rostro hacia el cielo, teniendo a su lado orando a la huésped invisible que contendía contra las tinieblas que estaban junto a él, y clamó al Señor: "¡Creo que tú eres el Hijo de Dios!"

El gozo inundó el rostro del nuevo convertido y de la santa anciana intercesora. Estaba ocurriendo un milagro delante de mis ojos. En aquel instante un refulgente rayo de luz penetró en la choza y entró en el corazón del nuevo creyente. Él había visto la Luz . . . literalmente. Se desvanecieron todas las tinieblas en la habitación. Había terminado, al menos por el momento, la obra de la intercesora.

Todavía invisible para el indio jubiloso, la intercesora se alejó de la choza y sacó del bolsillo un pedazo de papel. Lo reconocí de inmediato. Era la lista que ella le había presentado al ángel con el libro. La guerrera feliz añadió el nombre del hombre a su larga lista. Entonces, con un grito de alabanza, metió la lista en su bolsillo y se dirigió a una choza al otro lado de la calle.

Durante los siguientes minutos me mantuve sentado en silencio queriendo saber sobre el extraño cuadro que acababa de presenciar. ¿Se había desbordado mi imaginación o yo había de veras observado a una intercesora en acción? La Palabra de Dios tendría una respuesta para mí. Cualquier visión debe tener confirmación en la Palabra de Dios.

Casi de inmediato comencé a recordar pasajes confirmatorios en cuanto al poder de la luz de Dios para penetrar en las tinieblas:

> Levántate, resplandece; porque ha venido tu luz, y la gloria de Jehová ha nacido sobre ti. Porque . . . tinieblas cubrirán la tierra, y oscuridad las naciones; mas sobre ti amanecerá Jehová y sobre ti será vista su gloria. Y andarán las naciones a tu luz, y los reyes al resplandor de tu nacimiento. Alza tus ojos alrededor y mira, todos éstos se han juntado, vinieron a ti; tus hijos vendrán de lejos, y tus hijas serán llevadas en brazos. Entonces verás, y resplandecerás; se maravillará y ensanchará tu corazón, porque se haya vuelto a ti la multitud del mar, y las riquezas de las naciones hayan venido a ti.
>
> Isaías 60:1-5

Aparecieron otros pasajes confirmatorios. Mientras evaluaba esos conceptos bíblicos, surgieron cuatro verdades respecto al conflicto del intercesor con las tinieblas en favor de las almas perdidas.

## El deseo del Señor

Primera verdad: *El Señor desea ver que cada persona en la tierra tenga acceso al evangelio de Jesucristo.*

Se expresa esa realidad a lo largo del Nuevo Testamento. Pedro escribió: "El Señor no retarda su promesa, como algunos la tienen por tardanza, sino que es paciente para con nosotros, no queriendo que ninguno perezca, sino que todos procedan al arrepentimiento" (2 Pedro 3:9). *La Biblia al Día* lo traduce así: "El Señor no demora el cumplimiento de su promesa, como algunos suponen, sino que no quiere que nadie se pierda y está alargando el plazo para que los pecadores se arrepientan."

De interés especial es la paráfrasis del versículo 15: "Y recuerden que si no ha venido todavía, es porque nos está concediendo tiempo para que proclamemos el mensaje de salvación al mundo entero."

También otros pasajes expresan la importancia de que "todo el mundo" y "toda criatura" (Marcos 16:15) tengan acceso al evangelio. Cuando Cristo trató sobre los acontecimientos de los postreros tiempos con sus discípulos, expresó con toda claridad que el pleno cumplimiento de la Gran Comisión era fundamental para la terminación del mundo actual. Marcos anota estas palabras de Cristo: "Y es necesario que el evangelio sea predicado antes a todas las naciones" (Marcos 13:10). Mateo incluye la promesa: "Y será predicado este evangelio del reino en todo el mundo, para testimonio a todas las naciones; y entonces vendrá el fin" (Mateo 24:14).

En cuanto a la predicación del evangelio a todos los hombres, y en un contexto de oración, Pablo le escribió al joven Timoteo: "Exhorto ante todo, a que se hagan rogativas, oraciones, peticiones y acciones de gracias, por todos los hombres; por los reyes y por todos los que están en eminencia, para que vivamos quieta y reposadamente en toda piedad y honestidad" (1 Timoteo 2:1-2). Luego el apóstol añade el último resultado importante de esas oraciones: "Porque esto es bueno y agradable delante de Dios nuestro Salvador, el cual quiere que todos los hombres sean salvos y vengan al conocimiento de la verdad" (vv. 3-4).

El mensaje es claro. Dios desea que todos tengan acceso al evangelio, y la oración es esencial para que eso sea posible. Pero hay que entender una segunda verdad si hemos de dedicarnos a la oración hasta su máxima eficacia.

## El plan del enemigo

Segunda verdad: *El plan de Satanás es impedir que cada creyente tenga acceso al evangelio de Jesucristo.* Visto de manera superficial, eso es obvio. Sin embargo, a menudo no comprendemos que las almas perdidas, ya sean miembros de la familia o grupos de personas no evangelizadas en otros países, están cubiertas de tinieblas espirituales que, en realidad, no han escogido. Es cierto que son culpables de sus pecados y no pueden ser redimidos si rechazan la salvación, pero ellos no escogieron el nacer en pecado.

Pablo le ordena a Timoteo que predique el evangelio para que los incrédulos "se arrepientan para conocer la verdad, y escapen del lazo del diablo, en que están cautivos a voluntad de [Satanás]" (2 Timoteo 2:25-26).

Satanás mantiene a los incrédulos bajo su control. Están "cautivos a voluntad de él". La condición de oscuridad espiritual del incrédulo es tal que no puede ver la luz hasta que no se quiten las tinieblas. De modo que hay que enfrentarse a las tinieblas a nivel sobrenatural para que la persona se abra paso hacia el resplandor de la eterna luz de Cristo.

Cuanto más reflexionaba en ese concepto, después de mi visión de la anciana intercesora y el hindú, tanto más me preguntaba si algún pasaje bíblico específico decía expresamente tal cosa. Para mi asombro, en mi lectura bíblica sistemática del día siguiente hallé un pasaje que yo había leído muchas veces antes, pero nunca había visto su significado en el contexto de la lucha contra las tinieblas en favor de las almas perdidas.

Se encontraba en la segunda carta de Pablo a los corintios:

> Pero si nuestro evangelio está aún encubierto [escondido], entre los que se pierden está encubierto; en los cuales el

dios de este siglo cegó el entendimiento de los incrédulos, para que no les resplandezca la luz del evangelio de la gloria de Cristo, el cual es la imagen de Dios.

2 Corintios 4:3-4

Obsérvese la paráfrasis de este pasaje: "Si algunos no entienden el evangelio que predicamos es porque marchan hacia la muerte eterna. Satanás, el Dios de este perverso mundo, los ha cegado y no pueden contemplar la gloriosa luz del evangelio que brilla ante ellos, ni entender el mensaje de la gloria de Cristo, que es la imagen del Dios invisible."

Es obvia la inferencia en ese pasaje. Quítense las tinieblas y brillará la luz. Sin embargo, el que está cubierto de tinieblas no puede quitar esas tinieblas por sí mismo.

Además de eso, cuando una persona recibe el evangelio, de inmediato nuestro enemigo procura arrancar la semilla (véase Marcos 4:14-15). ¿Se enraízan al fin las semillas porque un intercesor se opone al enemigo, impidiendo que se arranquen las semillas?

Esa pregunta es esencial porque la cosecha depende de que echen raíces las semillas. Eso nos lleva a la tercera verdad.

## El deber de la Iglesia

Tercera verdad: *Es deber de la Iglesia llevar el evangelio de Jesucristo a todas las personas de la tierra.*

Este es otro concepto bíblico fácilmente aceptado por casi todos los creyentes de experiencia.

Sin embargo, la mayoría de ellos no tiene participación sistemática alguna en transmitir el evangelio, ya sea en su país o en el extranjero. Creo que pronto eso cambiará por completo.

Obsérvese además el conocido pasaje del Evangelio según San Mateo en que aparecen las siguientes palabras de Cristo:

> Toda potestad me es dada en el cielo y en la tierra. Por tanto, id, y haced discípulos a todas las naciones, bautizándolos en el nombre del Padre, y del Hijo, y del Espíritu Santo, enseñándoles que guarden todas las cosas que os he mandado . . .
>
> Mateo 28:18-20

El Evangelio según San Marcos lo dice así:

> Id por todo el mundo y predicad el evangelio a toda criatura.
>
> Marcos 16:15

Incluso pasajes del Antiguo Testamento profetizaron el cumplimiento de la Gran Comisión. Del Mesías, el salmista escribió: "Todos los reyes se postrarán delante de él; todas las naciones le servirán . . . Será su nombre para siempre, se perpetuará su nombre mientras dure el sol. Benditas serán en él todas las naciones; lo llamarán bienaventurado" (Salmo 72:11,17). Isaías sencillamente dijo: "Porque la tierra será llena del conocimiento de Jehová, como las aguas cubren el mar" (Isaías 11:9).

La iglesia tiene el deber de llevar el amor de

Cristo a cada rincón sombrío del planeta Tierra. Y es allí donde la obra del intercesor se hace absolutamente esencial.

**La misión del intercesor**

Cuarta verdad: *Es responsabilidad del intercesor detener las fuerzas invisibles de las tinieblas satánicas dondequiera que se hable del evangelio de Jesucristo.*

Sabemos por la Biblia que, aunque los seres humanos ocupan un plano físico, sus acciones y actividades están dominadas desde el reino invisible. Toda lucha por un alma tiene lugar en ese mismo mundo invisible. Recuerde el mensaje de guerra de Pablo para los creyentes de Éfeso de que luchamos "contra . . . [los espíritus dominantes que son] los gobernadores de las tinieblas de este siglo, contra huestes espirituales de maldad en las regiones celestes [en la esfera sobrenatural]" (Efesios 6:12).

Debido a que Pablo estaba consciente de la lucha espiritual es que les suplicaba a las iglesias reiteradamente que lo recordaran en oración, como les pidió a los tesalonicenses: "Por lo demás, hermanos, orad por nosotros para que la palabra del Señor corra y sea glorificada, así como lo fue entre vosotros, y para que seamos librados de hombres perversos y malos; porque no es de todos la fe" (2 Tesalonicenses 3:1-2).

En términos igualmente fuertes Pablo les escribió a los romanos: "Pero os ruego, hermanos, por nuestro Señor Jesucristo y por el amor del Espíritu, que me ayudéis orando por mí a Dios"

(Romanos 15:30). Pablo estaba convencido de que su ministerio no podía ir más allá de lo que permitirían las oraciones de sus compañeros de lucha.

El intercesor tiene una función fundamental que desempeñar al ayudar a los incrédulos a que se arrepientan y "escapen del lazo del diablo" (2 Timoteo 2:25-26). Y cuanto más yo reflexionaba sobre esas verdades basadas en la Biblia, tanto más convencido estaba de que los intercesores que luchan por las almas perdidas contribuyen en realidad a añadir nombres al libro de la vida del Cordero. Ellos pudieran no estar enterados de que están recorriendo los lugares celestiales de rodillas, o de que están contendiendo contra las tinieblas por un alma que acaba de ser confrontada con las afirmaciones de Cristo, pero sus oraciones posibilitan la cosecha.

## La visión confirmada

Seis años después de mi inusitada visión de la anciana intercesora y su misión de oración mundial, Dios confirmó la validez de la visión de una manera extraordinaria.

Sucedió cuando hice mi primer viaje a la India. Allí visité todas las regiones más importantes de ese inmenso y complejo país. Mientras viajaba por las zonas rurales quedé sobrecogido por las muchas chozas que eran exactamente como la choza que había visto en mi tiempo de oración seis años antes.

Salí de la India con destino a mi país con una carga extraordinaria por esas multitudes. En algún lugar de la vasta extensión del Pacífico leí un libro fascinante que me habían dado en Calcuta, la obra de Paul Pillai *India's Search for the Unknown Christ* [La búsqueda de la India por el Cristo desconocido]. De repente, cuando llegué a la página 212, no pude contener las lágrimas. El autor contaba de un dirigente hindú de la secta *Arya Samag* que vivió hace muchos años en la región de Rayastán. Era un hombre iracundo dominado por la pasión de luchar contra toda obra cristiana. Más de una vez había detenido a jóvenes creyentes que estaban dando testimonio y les había quitado las Biblias para quemarlas públicamente.

En una ocasión así Paul Pillai mismo había formado parte de un equipo que se enfrentó a esa hostilidad. Habían estado visitando de casa en casa y se habían puesto en las esquinas de las calles para distribuir libritos del Evangelio según San Juan.

El hombre iracundo apareció de repente y exigió que le entregaran los libritos. Quedándose sólo con uno, tal vez como prueba documental, les prendió fuego a los demás. Luego amenazó con matar a cualquiera del grupo que siguiera hablando de Jesucristo. El hombre encolerizado dejó la escena llevando consigo la prueba documental, un solo ejemplar del Evangelio según San Juan.

Tres semanas después Paul Pillai recibió una carta de aquel mismo hombre. Éste escribió que se había llevado a su casa el Evangelio según San Juan y que después de leer algunas páginas lo tiró encima de la mesa de su choza, convencido de que estaba lleno de mentiras. Pero aquella noche, en medio de la oscuridad, sintió que una extraña presencia entró en el cuarto. El hombre no podía dejar de pensar en el librito que estaba sobre la mesa. Por último se puso de pie y se abrió paso en medio de la oscuridad hasta la mesa.

Cuando tomó el librito en las manos aquella segunda vez, una luz sobrenatural iluminó la habitación. Abrió el librito y leyó: "El que en él cree, no es condenado; pero el que no cree, ya ha sido condenado, porque no ha creído en el nombre del unigénito Hijo de Dios. Y esta es la condenación: que la luz vino al mundo, y los hombres amaron más las tinieblas que la luz, porque sus obras eran malas. Porque todo aquel que hace lo malo, aborrece la luz y no viene a la luz . . ." (Juan 3:18-20).

En aquel instante se arrodilló y recibió a Cristo como su Salvador. Más tarde manifestó que, en su búsqueda de la verdad, sus ojos habían sido cegados por sus propios prejuicios.

Aunque mi visión de seis años antes tenía varias diferencias con el relato que leí, quedé sobrecogido por las similitudes. ¿Había sido la presencia inusitada en la habitación del hindú la obra del Espíritu Santo en respuesta a las oraciones de un intercesor? O ¿en realidad había estado allí el intercesor, en espíritu, como resultado de la obra del Espíritu Santo en acción mediante las oraciones de ese intercesor?

No tuve ninguna respuesta. Pero llegué a

convencerme de que la oración desempeña un papel fundamental en el conflicto por un alma. Me había sucedido a mí. En realidad, por un acto de mi propia voluntad, yo había optado por creer. Pero en algún lugar, por alguna razón, un intercesor se enfrentó a las tinieblas en mi favor. En mi caso conozco la identidad del intercesor. Fue mi madre. Ella me amó de rodillas. Su intercesión disipó las tinieblas de modo que la luz de Cristo pudiera penetrar en mi corazón durante los tiempos de la rebeldía juvenil.

Amado intercesor, el mundo espera el amor de usted. Lo invito a que participe hoy en la oración que procura que se añadan nombres a ese glorioso registro celestial que Juan describe en Apocalipsis. Nuestro último capítulo explica cómo participar, mediante la oración, en la mayor cosecha en la historia de la Iglesia.

# 14

## VIAJEROS DE ORACIÓN

### *Movilizando un contingente de misioneros de oración mundial*

El talentoso escritor S. D. Gordon dijo: "La verdadera victoria en todo servicio se gana de antemano en oración. El servicio es sencillamente la cosecha de los resultados."

Ampliando esa idea como relacionada con la Gran Comisión, el líder misionero W. Stanley Mooneyham añade:

> Dejemos de quejarnos de que no tenemos ni dinero, ni instrumentos ni personas suficientes. Sencillamente eso no es cierto. No hay escasez de nada que necesitemos, salvo de visión, oración y voluntad. La oración es el único recurso que está de inmediato a la disposición de todos nosotros. Si hubiera más creyentes orando de rodillas, habría más creyentes avanzando en la evangelización.

Robert Speer, un gran pionero y líder de las misiones presbiterianas, escribió: "La evangelización del mundo depende en primer lugar de un avivamiento de oración. Más profunda que la necesidad de obreros; mucho más profunda que la necesidad de dinero; en lo más íntimo de nuestra vida espiritual, está la necesidad del olvidado secreto de la oración constante por el mundo. Las misiones han progresado lentamente en el extranjero porque la piedad y la oración han sido superficiales en nuestro país."

## Llamado de los misioneros de oración mundial

La visión que recibí en 1971, de la santa anciana que luchaba contra las tinieblas, fue el incentivo para una obra muy concentrada que llamamos *misioneros de oración mundial*.

Dicho de una manera sencilla, un misionero de oración mundial es cualquier seguidor de Jesucristo que irá cada día en oración a una región específica del mundo para participar en una estrategia cuidadosamente planeada de la lucha espiritual.

El misionero de oración mundial escoge un país específico, una región o provincia de ese país, e incluso una ciudad de base cuando sea posible. Al igual que un misionero tradicional debe determinar qué país Dios quiere que evangelice, y en qué ciudad de ese país ha de vivir, el misionero de oración mundial debe definir cuidadosamente sus enfoques específicos de oración. Y al igual que un misionero tradicional debe buscar a Dios para una estrategia evangelística respecto a su campo de responsabilidad, el misionero de oración mundial debe pedirle al Espíritu Santo una estrategia de oración específica respecto a su campo focal de la oración.

## Un fundamento bíblico para el misionero de oración mundial

Desde un punto de vista bíblico el misionero de oración mundial tiene una cuádruple función:

En primer lugar, *el misionero de oración mundial es un precursor*. Isaías escribió: "Por amor de Sion no callaré, y por amor de Jerusalén no descansaré, hasta que salga como resplandor su justicia, y su salvación se encienda como una antorcha. Entonces verán las gentes tu justicia, y todos los reyes tu gloria . . ." (Isaías 62:1-2).

El profeta continúa: "Pasad, pasad por las puertas; barred el camino al pueblo; allanad, allanad la calzada, quitad las piedras, alzad pendón en los pueblos" (Isaías 62:10).

En ese pasaje Isaías se refiere a un precursor, es decir, una persona que ayuda a preparar el camino para que otros lo sigan. El misionero de oración mundial desempeña esa función. Entra en la lucha espiritual mucho antes que los obreros tradicionales entran en el conflicto. Debido a que los obstáculos que estorban la evangelización se originan en el reino invisible, tenemos que enfrentarnos a ellos en ese mismo reino. De modo que el misionero de oración mundial entra en el conflicto antes que el misionero o el obrero cristiano. Va a lugares a donde ni siquiera pueden ir los misioneros.

En segundo lugar, *el misionero de oración mundial es una verdadera arma de guerra espiritual*. Un misionero de oración mundial se vuelve en realidad un arma en las manos de Dios. El profeta Isaías se refería al hombre de Dios como "corona de gloria en la mano de Jehová, y diadema de reino en la mano del Dios tuyo" (Isaías 62:3). Obsérvese la descripción que hace Dios del rey Ciro: "Martillo me sois, y armas de guerra; y por medio de ti quebrantaré naciones, y por medio de ti destruiré reinos. Por tu medio quebrantaré caballos y a sus jinetes, y por medio de ti quebrantaré carros y a los que en ellos suben" (Jeremías 51:20-21). En realidad, este pasaje se refiere a un rey terrenal, Ciro, y no específicamente a intercesores. Sin embargo, nos recuerda que en cada generación Dios levantará a su pueblo para que cumpla su propósito.

En tercer lugar, *el misionero de oración mundial es un trillo.* Aquí encontramos una descripción extraordinaria de alguien que es llamado al ministerio de destruir las obras de Satanás mediante la oración. Isaías escribió: "He aquí que yo te he puesto por trillo, trillo nuevo, lleno de dientes; trillarás montes y los molerás, y collados reducirás a tamo" (Isaías 41:15).

Cuando Isaías se refirió al "trillo", empleó el término hebreo *mowrag*, que significa pulverizar por completo, o aplastar y triturar al mismo tiempo. Los dientes del trillo son nuevos. Pueden pulverizar todo lo que Satanás levante para obstaculizar el plan de Dios.

Esa es la obra del misionero de oración mundial. Escoge una región del mundo, identifica las fuerzas espirituales opositoras en esa región, y mediante la oración las pulveriza por completo.

En cuarto lugar, *el misionero de oración mundial es una autoridad gobernante.* Por medio de Jeremías Dios dijo: "Mira que te he puesto en este día sobre naciones y sobre reinos, para arrancar y para destruir, para arruinar y para derribar, para edificar y para plantar" (Jeremías 1:10).

El misionero de oración mundial es un gobernante. En la oración, bajo la plena autoridad y supervisión de Jesucristo, el Jefe de la Iglesia, gobierna sobre las regiones geográficas de la tierra.

## Requisitos

Obsérvesen estas palabras de Cristo a sus discípulos: "Tened fe en Dios. Porque de cierto os digo que cualquiera que dijere a este monte: Quítate y échate en el mar, y no dudare en su corazón, sino creyere que será hecho lo que dice, lo que diga le será hecho" (Marcos 11:22-23).

Una evaluación de ese pasaje revela tres requisitos en cuanto a los candidatos para el servicio de misionero de oración mundial.

En primer lugar está el *factor de idoneidad.* Observe las palabras *cualquiera que dijere a este monte.* Cualquier creyente en buenas relaciones con el Señor es idóneo para ser movedor de montañas. Sin que importen cuáles sean los dones o talentos de una persona, el guerrero dispuesto está calificado para ser misionero de oración mundial. La clave está en la disposición. Es como si el Señor estuviera diciendo: "Denme a un creyente que esté dispuesto a trabajar, y puedo elaborar todos los detalles necesarios para darle la fortaleza para que cumpla cualquier tarea a la cual yo lo llame."

En segundo lugar está el *factor de autoridad*. En Marcos 11:22-23 Jesús describe a un discípulo seguro que asume autoridad directa contra un objeto inanimado. Un intercesor seguro está convencido de su posición en Cristo y expresa en palabras su seguridad. Se pone en acción el poder no tanto por su fe como por la declaración de sus labios que expresan esa fe.

Por último, está el *factor de certidumbre*. Aquí vemos el énfasis de Cristo en nuestra necesidad de la garantía absoluta de que Él realizará lo que nosotros ordenemos con nuestros labios, siempre que nuestras órdenes sean iguales a su voluntad. Él dijo: "Cualquiera que dijere . . . y no dudare . . ." (Marcos 11:23). Observe las palabras *y no dudare*. Un espíritu de certidumbre es absolutamente esencial para el éxito de un misionero de oración mundial. Hasta el punto en que estemos seguros de que Dios va a responder a nuestras oraciones será el punto hasta el cual veremos hacerse realidad esa respuesta.

## Definiendo nuestro enfoque

¿Cómo determina usted su país, región y ciudad de base como misionero de oración mundial? Los pasos son sencillos:

En primer lugar, *establezca una estrategia de oración sistemática.* Aparte tiempo durante los próximos días para orar por la región que Dios quiere que usted convierta en objeto de sus oraciones. Tal vez quiera usar un libro misionero o un mapa mundial de oración.

En segundo lugar, *ore de manera sistemática por varias naciones para que eso le ayude a escoger su país*. Si usted usa el mapa de oración mundial, notará que el mapa está dividido en treinta y un grupos de siete países. Eso le permite orar por todo el mundo cada mes. Tal vez quiera dedicar todo un mes al proceso de escoger un país. A medida que ore diariamente, anote cualquier país al que se sienta atraído para una oración más concentrada. Sea sobre todo sensible a los países bajo el dominio comunista o musulmán.

En tercer lugar, *estreche en la oración su enfoque para abarcar una región más bien que todo el país*. China proporciona un buen ejemplo. Ese inmenso país tiene más de mil millones de personas. Concentrarse en toda China pudiera ser demasiado general. Por lo tanto, el misionero de oración mundial pudiera orar cada día por una de las casi treinta provincias y regiones autónomas de China. Lo mismo se aplicaría a la antigua Unión Soviética con quince repúblicas, o a la India con veintidós estados. A medida que aumenta el ejército de misioneros de oración mundial, se abarcarán todas las provincias y regiones del mundo.

En cuarto lugar, *busque la información específica que usted pueda usar como incentivo de oración para el enfoque de su región.* Un libro misionero o información sobre las misiones en distintas partes del mundo pueden ser recursos excelentes que le pueden ayudar a comenzar. Si, por ejemplo, fuera a escoger a Albania, un país ex comunista, pudiera anotar en tarjetas de 3 x 5 pulgadas la siguiente información para usarla más adelante en su estrategia de oración diaria: Albania tiene una población de tres millones de habitantes. La ciudad capital es Tirana, con una población de ciento setenta y cinco mil personas. Habitantes específicos de Albania: albaneses (95%), griegos (2,5%) y gitanos (2,4%). Albania es el país europeo más pobre y menos desarrollado. Su gobierno comunista fue uno de los más despiadados de los regímenes marxistas de Europa. Los dirigentes del gobierno albanés se jactaban de que su nación fuera el primer estado oficialmente ateo del mundo. El ateísmo fue durante muchos años la religión oficial de Albania.

Incluya cada uno de esos datos porque es de esa lista de la que más adelante compilará una estrategia de oración de siete días.

En quinto lugar, *haga un recorrido de desarrollo estratégico por la biblioteca pública de su localidad.* Una visita a la biblioteca le ayudará mucho en la planificación de su estrategia. Al llegar pregúntele a la bibliotecaria dónde están las enciclopedias y los atlas mundiales. Si se lo permiten, haga una fotocopia del mejor mapa que pueda encontrar del país que escoja. Lea el artículo principal sobre ese país en una enciclopedia. A medida que investiga, comience a convertir simples datos sobre una nación y sus habitantes en peticiones de oración eficaz.

Tome, por ejemplo, la provincia de Cantón en el sur de China, con una población que sobrepasa los cincuenta millones de habitantes. Hay por lo menos veinte grandes ciudades en la provincia, con Cantón como su capital. Todas esas ciudades deben estar en su lista. Más adelante, cuando ponga en práctica su estrategia de oración de siete días, pudiera poner en la lista varias de esas ciudades para cada día, permitiéndole así orar por todas las ciudades principales de esa provincia cada semana. Recuerde que un plan misionero para ir a una región necesitaría el estudio de ciudades convertidas en objetivos para el ministerio. Como misioneros consagrados a la oración mundial tenemos que aceptar nuestro llamamiento con la misma seriedad.

También usted querrá determinar su ciudad de base como misionero de oración mundial. Por lo general, ésta será la ciudad capital de la nación o la provincia.

Cuando lea el artículo principal sobre el país, asegúrese de hacer una relación de otros artículos que hay en esa enciclopedia y que se relacionan con el mismo asunto.

En sexto lugar, *desarrolle una estrategia de lucha espiritual para el enfoque de su región.*

Después que haya recogido alguna información fundamental respecto al país seleccionado, úsela como el fundamento para desarrollar una estrategia de oración de siete días.

Para llevar a cabo eso, tendrá que preparar "Tarjetas de estrategia de lucha en oración" para cada día de la semana. Finalmente usted pudiera tener tantas como dos o hasta tres tarjetas para cada día.

Divida después todos los datos en siete grupos. A partir de esas listas usted desarrollará una estrategia de oración de siete días para su nación.

En una cara de cada tarjeta, anote el día de la semana y los datos de oración para ese día. Algunos datos que usted querrá incluir cada día son su ciudad de base y otros objetivos generales de la oración, como la población total del país. Luego para cada día de la semana escriba los nombres de varias ciudades que serán sus objetivos de intercesión. Si está orando por un país más grande como China o la India, y no se siente inclinado a concentrarse sólo en una provincia, divida las provincias, orando por varias cada día de modo que una vez a la semana las haya incluido a todas por nombre. La meta es incluir lo suficiente en la oración diaria a fin de abarcar todas las regiones cada siete días.

Para dar un ejemplo hipotético, si su lista maestra de datos generales sobre el país seleccionado incluye veintiocho enfoques, y si, además, hay veintiuna ciudades principales, usted oraría por cuatro datos diferentes y tres ciudades distintas (además de su ciudad de base) cada día. En total usted tendría ocho oportunidades separadas de oración por día.

En el dorso de cada tarjeta tal vez quiera escribir con letra de imprenta varios versículos bíblicos clave que pueda usar para mantener el poder de la Palabra de Dios en su oración. Anote sus versículos favoritos, más algunos de los muchos versículos positivos copiados en este libro.

Algunos versículos pudieran ser Jeremías 51:20; Isaías 41:15; Jeremías 1:10; 1 Juan 4:4; Mateo 28:18; Mateo 19:26; Lucas 9:1-2; Lucas 10:19; Miqueas 3:8; Marcos 11:23 y Mateo 16:19.

En otra parte de esas tarjetas tal vez quiera incluir algunas de las sugerencias de oración como se exponen en nuestra guía semanal para la intercesión presentada anteriormente en este libro.

En séptimo lugar, *desarrolle su misión de oración tanto dentro como fuera de su cuarto de oración*. Jesús se refirió a "la necesidad de orar siempre, y no desmayar" (Lucas 18:1); y Pablo escribió: "Orad sin cesar" (1 Tesalonicenses 5:17). Ese es el espíritu del misionero de oración mundial. Debiéramos llevar nuestra carga de oración adondequiera que podamos. Cuando un misionero va a un país, se apasiona con esa cultura. Sin que importe lo que haga ese obrero ni adonde vaya en ese país, sigue siendo un misionero.

El misionero de oración mundial debe cultivar esa misma virtud. El enfoque del país que hemos escogido debe ir con nosotros adondequiera que vayamos. Es fácil meter las tarjetas con la estrategia de un día en el bolsillo o el bolso para orar por ese país cada vez que haya un descanso en el día. Y siempre recuerde que, como misionero de oración mundial, usted pudiera ser ama de casa, maestra de escuela, vendedor de automóviles o carpintero; pero su verdadero llamamiento es una misión de oración. Pudiera ir físicamente a un centro de trabajo, pero su corazón va a ir a Europa, a Asia o a África.

## La victoria suprema

Varias semanas después que se introdujera por primera vez el concepto de oración mundial en nuestro ministerio, comenzamos a recibir gran cantidad de tarjetas de compromiso de los intercesores que mostraban su deseo de alistarse. En cada tarjeta el intercesor anotaba el país que había seleccionado para la oración diaria.

Cuando comenzaron a llegar las tarjetas, decidí que sería bueno tener una oración especial por esos primeros frutos de un programa que yo consideraba que exaltaría mucho al Señor en el futuro.

Resultó ser nuestro acostumbrado día mensual de oración y varios de nuestros intercesores regulares se habían reunido, junto con un nuevo hermano de más edad a quien yo nunca había visto. Se presentó como Armando, y reconocí un acento que provenía de algún lugar de Europa. Más tarde supe que Armando nació cerca de la frontera albanesa.

Dios había enviado a Armando aquel día para que diera un mensaje importante.

Nos reunimos en nuestra pequeña capilla de oración y después de un tiempo de adoración comenzamos a orar por las numerosas tarjetas de compromiso de misionero de oración mundial. Se apagaron las luces en el cuarto de oración y sólo quedó iluminado un globo terráqueo cerca del centro de la pequeña habitación. El globo servía de foco especial para lo que estaba a punto de ocurrir.

Cuando cada guerrero tomó un puñado de tarjetas, comenzamos a orar, uno a uno. Sostuvimos las tarjetas delante del Señor, dándole gracias por esos precursores misioneros de oración. Éstos fueron los primeros de lo que yo consideraba que llegaría a ser un enorme ejército de intercesores consagrados. Yo creía que llegaría a ser un ejército que finalmente ataría o limitaría la potestad satánica sobre cada región geográfica de la tierra. En un momento en nuestra oración expresé esos sentimientos con este comentario: "¿No sería hermoso si algún día se levantara un ejército de intercesores y limitara toda actividad demoniaca, confrontando a *cada* demonio al mismo tiempo en todo el mundo?"

No pensé en las repercusiones teológicas de ese comentario hasta que le tocó orar a Armando. Incluso el sabor del acento del hermano añadía algo de significado a lo que Dios estaba a punto de decir.

Armando comenzó a pronunciar una sencilla

oración pidiendo la bendición de Dios sobre todos los que se estaban alistando en el nuevo ejército. Entonces hizo una pausa, y mostraba admiración en el rostro. Comenzó a inclinar la cabeza, mientras las lágrimas le corrían por las mejillas. Agarró con fuerza su puñado de tarjetas de compromiso y las levantó hacia el globo terráqueo, apuntando con las tarjetas.

"Dios . . . acaba de hablarme al corazón — dijo Armando —. Me dijo que les informara que vendrá su reino tan pronto como ustedes levanten un ejército que ate a todo demonio en la tierra."

Ese hermano habló con una autoridad extraordinaria. Su afirmación fue tan categórica que me dejó pasmado. Me pregunté si había algún fundamento bíblico evidente para hacer tal afirmación. Después de todo, solamente la Palabra de Dios es la regla sobre la que debemos fundamentar toda dirección divina.

Pocos días después leí la descripción de Juan de una batalla que termina todas las guerras en los lugares celestiales (Apocalipsis 12:7-11). Allí encontré una confirmación extraordinaria del discernimiento de Armando.

Como se describe en Apocalipsis, Miguel, uno de los principales dignatarios angelicales de Dios, conduce su ejército de ángeles contra las fuerzas demoniacas de Satanás y las vence. La derrota de Satanás es tan definitiva que él y sus hordas demoniacas son sacados para siempre de los lugares celestiales. Lo más notable es el hecho de que, aunque las fuerzas angelicales derrotan a Satanás, lo consiguen porque los santos en la tierra están aplicando su armamento: "La sangre del Cordero y . . . la palabra del testimonio de ellos" (Apocalipsis 12:11).

Mientras meditaba en esos pensamientos leí una nota en el margen de la Biblia. El comentario explicaba que algo sucedería en el futuro, un milagro inescrutable en los lugares celestiales, que dejaría a Satanás incapaz de seguir actuando con sus potestades demoniacas en esa arena inmensa e invisible. El comentario sugería que nadie podía estar seguro de lo que sería el milagro, pero por alguna razón la aplicación de la sangre del Cordero y la palabra del testimonio de los santos impediría que Satanás actuara por más tiempo en esa esfera invisible.

¿Pudiera ser ese un gran ejército de intercesores, sumamente adiestrados y muy consagrados, que formaba parte de la limpieza de los lugares celestiales en esta última batalla espiritual? ¿Era eso lo que Armando estaba sintiendo en su espíritu?

Claro está que se sabrá la respuesta sólo cuando se escriba toda la historia y estemos delante de Dios en los umbrales de la eternidad.

*Podemos* saber esto. Nuestras oraciones no sólo pueden transformar la vida de los demás, sino que ante los ojos de Dios ellas *son* la transformación misma. Si las oraciones de una persona pueden sujetar a un espíritu demoniaco, mil intercesores que concentran sus oraciones en regiones específicas del mundo pueden sujetar a los espíritus demoniacos que reinan allí.

¡Imagínese lo que pudiera suceder si nuestro

ejército de oración creciera hasta el punto que se sujetara a todo espíritu demoniaco sobre cada región geográfica del mundo en el mismísimo instante! Tan pronto como todo espíritu sea atado en oración, lo cual permitirá que el evangelio se predique plenamente en todas las naciones, se establecerá su reino.

Tal vez eso sea lo que Jesús tenía en mente cuando dijo: ". . . Será predicado este evangelio del reino en todo el mundo, para testimonio a todas las naciones; y entonces vendrá el fin" (Mateo 24:14).

Dick Eastman es presidente internacional de *Every Home for Christ* [Cada hogar para Cristo],[1] un ministerio evangelístico mundial que ayuda a las iglesias de todo el mundo en la distribución sistemática de materiales evangélicos impresos a cada hogar de una región. Hasta la fecha, se ha llevado el programa a más de cien países, donde se han distribuido mil seiscientos millones de tratados y porciones del evangelio y se han recibido más de quince millones de tarjetas de decisiones y respuestas en las cincuenta y cinco oficinas de CHC en todo el mundo. Dick es autor de varios libros más sobre la oración, entre ellos *La hora que cambia al mundo.*

1 En algunos países se conoce como *Cruzada a cada hogar* y en otros como *La Palabra a cada hogar*.